Plattform 2'531'121'952 ...
und wo stehst du?

Bibliografische Information der Deutschen Nationalbibliothek:
Die Deutsche Nationalbibliothek verzeichnet diese Publikation in der Deutschen Nationalbibliografie; detaillierte bibliografische Daten sind im Internet über http://dnb.dnb.de abrufbar.

Herstellung und Verlag: BoD – Books on Demand, Norderstedt

ISBN: 978-3-7481-5595-9

Inhaltsverzeichnis

Vorwort

Da der Homo Sapiens ein denkendes Wesen ist, stellt er sich unweigerlich Fragen über das „Woher und Wozu, das Wie und Warum sowie das Wohin" des Lebens und des Universums allgemein. Doch das oft stressige Alltagsleben drängt solche Fragen meist etwas in den Hintergrund. Trotzdem können sie nicht ganz verdrängt werden und steigen von Zeit zu Zeit an die Oberfläche und harren auf eine Antwort.

In diesem Zusammenhang möchte ich - als einer unter etwa sieben Milliarden Menschen auf der Erde - versuchen, aus meiner und soweit möglich natürlich auch aus wissenschaftlicher Sicht, diesen Fragen etwas Raum und Tiefe zu geben.

Wie wohl jeder Mensch, kann auch ich leider keine unfehlbaren Antworten geben. Auch ich sehe die Wahrheit aus meinem Sichtbereich. Trotzdem hoffe ich dem einen oder andern vielleicht einige Denkanstösse vermitteln zu können.

Ich werde in diesem Buch sehr viele Lebensbereiche anschneiden (möglichst kurz), obwohl ich natürlich auf den wenigsten dieser

Gebiete ein Spezialist bin. Trotzdem glaube ich, dass auch Laien die groben Strukturen manchmal gleich gut oder gar besser erfassen können als sogenannte Spezialisten, welche das „Ganze" hie und da aus den Augen verloren haben.

Schauen wir uns dazu ein Beispiel an. Verschiedene Forscher arbeiten am Thema Baum. Fachleute im Bereich Pflanzenernährung werden den besten Dünger für den Baum suchen. Andere Forscher werden die Zellstruktur und die DNA entschlüsseln. Spezialisten werden die Statik eines Baumes berechnen. Wieder andere werden die Nutzungsmöglichkeiten des Holzes analysieren. Eine weitere Fachgruppe wird versuchen, neue Früchte heranzuzüchten usw.

Alle kommen in ihren Teilbereichen erfolgreich weiter. Allerdings wird keine Gruppe in ihrem Gebiet dabei die Antwort finden auf die Frage: Was ist ein Baum und welche Existenzberechtigung hat dieser? Sie sind in ihren Bereichen zwar sehr erfolgreich, doch zeigen ihre Erfolge immer nur einen Teilaspekt des „Baumes" auf. Erst aus der Gesamtheit aller Ergebnisse der Fachbereiche kann ein Bild des ganzen Baumes entstehen.

Wo es vor dreihundert Jahren einer Person noch möglich war, in vielen Fachgebieten in Bezug auf Wissen vorne dabei zu sein, ist dies heute nicht mehr möglich, da die Menge des Wissens in den einzelnen Bereichen enorm zugenommen hat. Trotzdem wage ich mich in diesem Buch (Büchlein) auch an Themen heran, wo mein Wissen eben eingeschränkt ist.

Ich werde versuchen, anhand von neusten wissenschaftlichen Erkenntnissen (Resultaten) und eigenen Gedanken das Bild des ganzen „Baumes" etwas zu durchleuchten. Den Rest überlasse ich gerne den Spezialisten.

Plattform des Menschen

Menschen streben danach, überall die Wahrheiten zu finden, sei dies in der Natur, der Technik oder im menschlichen Leben mit all seinen Facetten. Aber wie können wir Menschen die eine Wahrheit finden, die alles erklärt und wie sieht diese aus?

Es ist kaum möglich, dazu heute eine schlüssige Antwort darauf zu geben und es steht in den Sternen geschrieben, ob dies überhaupt jemals möglich sein wird.

Das Grundkonzept in der Wissenschaft kann man durchaus so formulieren: „Die Wahrheit von heute ist der Irrtum von Morgen." So ändern sich die Meinungen der Menschen laufend und diese gehen sogar zur selben Zeit weit auseinander.

Wenn es auf die obige Frage eine bewiesene, klare Antwort geben würde, gäbe es nicht so viele verschiedene Weltansichten und wir bräuchten auch nur eine Religion (oder gar keine?).

In unserer dreidimensionalen Welt gibt es aber wohl mehr als eine Wahrheit, ja vielleicht sogar für jeden Menschen eine andere. Trotzdem versuchen wir, unsere Mitmenschen aus unserer eigenen Wahrheitsansicht heraus zu be(ver)urteilen und zu bekehren. Aber wie kommt dies dazu?

Jeder Mensch steht auf einer anderen „Plattform". Das heisst, dass jeder Mensch seit seiner Geburt nebst seinen angeborenen Fähigkeiten und Anlagen auch noch durch seine Umwelt anders geprägt wurde. Dabei spielen das Aussehen, der Intellekt und der Wohnort (armes oder reiches Land) einer Person eine wichtige Rolle. Das Resultat (Zusammenfassung) all dieser prägenden und angeborenen Einflüsse ergeben für mich diese individuelle „Plattform" eines Menschen.

Wenn der Chef eines grossen Konzerns in einem Armenviertel in Nigeria geboren und in Armut aufgewachsen wäre und dort keine gute Schule hätte besuchen können, stände wohl mit allergrösster Wahrscheinlichkeit heute eine andere Person an der Konzernspitze.

Auch die Menge der Energie, welche einem Menschen täglich zur Verfügung steht, ist bei jedem Menschen verschieden. Die viel bescholtene Faulheit ist wohl meist weniger eine Folge des „Nichtwollens" als vielmehr das Problem von niedrigen Energiereserven.

Auch die Belastbarkeit ist nicht bei allen Menschen gleich. Ich würde diese mit einem Abfalleimer vergleichen. Bei einigen ist dieses „Gefäss" sehr gross, vielleicht sogar ein Container, und kann eine riesige Menge Schutt (Kritik, Probleme, zu leistende Arbeit, Stress, Erlebnisse, Emotionen etc.) aufnehmen. Bei andern ist dieses Gefäss sehr schnell voll und der Abfall quillt über.

Hübsche Menschen erhalten meiner Meinung nach von Kindheit an mehr Zuneigung und Wertschätzung als weniger Bevorzugte und dies prägt wiederum deren Entwicklung, was ich während meiner „Lehrerlaufbahn" vielfach feststellen konnte.

Auch das nahe Umfeld eines Menschen prägt die „Plattform". Jemand, der in einer kriminellen Umgebung aufwächst, wird eine andere Sicht zu den Dingen des Lebens erhalten als jemand, der „wohlbehütet" aufwachsen konnte.

Somit wird alles relativ. Das heisst, Dinge, Ereignisse und Erfahrungen werden immer nur aus der Sicht des entsprechenden Beobachters angeschaut und gewertet – eben von der eigenen „Plattform" aus!

Keiner kann für sich in Anspruch nehmen, seine „Plattform" als die Bessere oder Richtige zu bezeichnen, da keiner von sich behaupten kann, die ganze Wahrheit gefunden zu haben (falls schon, wäre ich dankbar für eine Rückmeldung!). Deshalb gibt es nicht hohe und tiefe, gute oder schlechte „Plattformen".

„Plattformen" sind nicht besser oder schlechter, sondern einfach anders!!!

Das heisst, wie schon oben dran erwähnt, eine Wertung erfolgt immer nur aus der (eigenen) Sichtweise des jeweiligen Betrachters. So sind auch ein Arzt, ein Manager und ein Spitzensportler nicht bessere Menschen und es gehörten ihnen eigentlich auch nicht mehr Ruhm und Ehre als dem „normalen" Erdenbürger. Trotzdem bereiten zum Beispiel Sportler mit ihren Siegen manchen Leuten viele Glücksmomente, was sicher positiv zu werten ist. Überheblichkeit und falscher Stolz sind aber fehl am Platz, sei dies im Berufsleben, im Sport oder in der Gesundheit.

Selbstverständlich darf sich jeder am Erreichten freuen. Aber es darf in keiner Weise darum gehen, besser dazustehen als andere. Für gute Grundfähigkeiten sowie eine gute Gesundheit kann der Mensch nur wenig selbst dazu beitragen. Es wurde ihm einfach geschenkt. Mit etwas Fleiss, positiver Lebenseinstellung und Einsatz (Training) kann er dieses „Geschenk" dann noch etwas vergolden.

Wäre zum Beispiel jeder mit den gleichen

Erbanlagen wie Roger Federer geboren worden, könnten sehr viele das Gleiche wie er erreichen. Auch kranke Menschen wären mit anderen Erbanlagen vor mancher Krankheit verschont geblieben.

Ich selbst empfinde eine grosse Bewunderung für Menschen, die ein körperliches Handicap zu tragen haben, sei dies eine schwere Krankheit oder ein Aussehen, das nicht der „Norm" entspricht und dabei trotzdem Zufriedenheit ausstrahlen. Von ihnen können wir viel lernen! Diese Menschen leisten viel mehr als Erdenbürger, denen alles (schönes Aussehen, Intelligenz, reiche Eltern etc.) in den Schoss gelegt wurde.

Jeder Mensch ist einfach auf dem Weg. Dabei spielt der momentane Aufenthaltsort eine untergeordnete Rolle, obwohl ein grosser Teil der Gesellschaft dies anders sieht. Hier haben das Ansehen, Macht und der Erfolg immer noch eine sehr grosse Bedeutung im Leben.

Manchmal werden wir durch gewisse Umstände wie Krankheiten, Unfälle oder andere einschneidende Erlebnisse auch auf eine neue „Plattform" gezwungen. Da solche Ereignisse sehr schnell und unerwartet erfolgen können, sind diese oft mit Leid oder Angst verbunden und es braucht Zeit, bis die neu erhaltene Umgebung wieder akzeptiert und integriert ist.

Manche Menschen werden auch durch Mitmenschen auf eine andere „Plattform" gedrängt, sei dies durch Erziehung, erlebte Verachtung oder Lob. In unserem Leben bleibt kaum viel Spielraum zum willentlichen Verändern der eigenen „Plattform".

Durch die vielen entstandenen verschiedenen „Plattformen" werden richtig oder falsch ebenfalls relative Bewertungen. Ich vergleiche das gerne mit diesem angenommenen Bild: Wenn acht Menschen um eine Tasse Kaffee herum sitzen, sieht jeder einen andern Teil der Tasse. So ist es auch im Leben. Jeder sieht die Tasse (die Wahrheit) aus seiner Perspektive („Plattform") und glaubt natürlich das Richtige zu sehen. Dabei sieht jeder nur einen Teil der Tasse (der Wahrheit). Er kann aber nie alles sehen. Den Boden der Tasse kann sogar keiner sehen. Und diese Erkenntnisse erschweren dem Menschen seinen Lebensweg. So stellt sich ihm jeden

Tag viele Male die Frage, welche Meinung soll er unterstützen und welchen Weg soll er gehen, da seine Meinung ja nur von ihm aus die richtige ist. Und sogar aus „nur seiner Perspektive" betrachtet fällt ihm dies manchmal nicht leicht.

Aus dem oben Gesagten liesse sich nun die Schlussfolgerung ziehen, dass man eigentlich keine Meinung haben und für nichts kämpfen sollte, da man ja damit nur die eigene Wahrheit verteidigt. Doch ich glaube, dass wir in unserer dreidimensionalen Welt nicht anders können als immer wieder eine Entscheidung (aus zwei oder mehreren Möglichkeiten auswählen) zu fällen. Das beginnt schon bei kleinen Dingen: Wo setze ich meinen Fuss auf, was will ich essen, was ist gesund für mich etc. Dazu kommen dann auch die weitreichenderen Entscheidungen wie Berufswahl oder Wohnsitz, was sich wieder auf den Bekanntenkreis (oder Lebenspartner) und vieles mehr auswirkt und das Leben total anders entwickeln lässt, als wenn wir eine andere Wahl getroffen hätten (siehe dazu aber auch das Kapitel Freiheit und freie Entscheidung).

Doch jedes Mal, wenn ich eine Entscheidung

für etwas treffe, fälle ich auch eine Entscheidung gegen etwas. Das heisst, dass ich nur eine Seite von vielen Möglichkeiten lebe. Trotzdem müssen wir wohl Stellung nehmen. Allerdings sollte man sich bei jeder Entscheidung bewusst sein, dass man damit nicht das Wahrheitsmonopol für sich beanspruchen darf. Das heisst aber auch, dass man andere Menschen für ihre Ansichten nicht verurteilen sollte!

Auch sogenannte Kriminelle hatten wohl kaum die Absicht, so zu werden. Auch sie wurden durch Erbanlagen und menschliche Erfahrungen auf diese Plattform „gezwungen". Natürlich heisst dies nicht, dass wir ihre Taten akzeptieren müssen, da sie ja oft ins Leben anderer Menschen eingedrungen sind und andern weh getan haben. Und hier hört meiner Meinung nach die Freiheit des Menschen auf. Aber wir sollten trotzdem versuchen, Kriminelle zu verstehen, auch wenn dies schwerfällt. Oft müsste nämlich gleichzeitig auch deren Umwelt verurteilt werden, die sicher auch zu dieser Entwicklung beigetragen hat.

Durch die vielen menschlichen „Plattformen" ist es einleuchtend, dass es unendlich viele Strömungen gibt, die glauben die Wahrheit gefunden zu haben. Jede Gemeinschaft (z.B. Kirche) „sammelt" dabei Leute um sich, die etwa auf einer ähnlichen Ebene stehen. Doch diese Interessengemeinschaften kommen und gehen. Einige Mitglieder verlassen diese wieder, da ihre „Plattform" sich durch Erfahrungen und neue Erkenntnisse verändert hat, andere treten wieder ein.

So gibt es keine unfehlbare Regierung, Gesellschaftsordnung oder Kirche.

Jeder lernt nur die eigene Wahrheit kennen und handelt danach. Diese negative Situation trägt aber durchaus auch einen positiven Kern in sich. Der Mensch bleibt durch diese Suche nach der Wahrheit und den Entscheidungszwang beweglich und lernt neue Aspekte des Lebens kennen, sofern er nicht resigniert aufgibt.

Unter die oben beschriebenen Wahrheitserkenntnisse fällt natürlich auch dieses Buch. Es wird wie alles nur Teilwahrheiten (oder Irrtümer) aus meiner Sichtweise beinhalten. Trotzdem kann man ja nicht ohne Entscheidungen (für oder gegen, gut oder böse?) leben. So werde ich in diesem Buch auch Stellung nehmen.

 In diesem Zusammenhang noch etwas Interessantes zu den „Plattformen" aus materieller Sicht. Hier finden wir nämlich etwas ganz Ähnliches. Wenn ein Kind A einen Ball einem andern Kind B aus zum Beispiel vier Metern Abstand zurollt, wirst du als Zuschauer daneben natürlich feststellen, dass der Ball vier Meter zurückgelegt hat. Machen die Kinder dies nun in einem fahrenden Bus (Ball und Fahrtrichtung gleich), wird der Ball für die Kinder weiterhin vier Meter zurücklegen. Für einen Beobachter auf einer „Plattform" ausserhalb des Buses wird der Ball aber mehr als vier Meter zurücklegen, da der Bus ja mit seiner Geschwindigkeit noch Länge dazugibt. Nehmen wir nun die Drehgeschwindigkeit der Erde dazu. Nun steht der Beobachter auf einer „Plattform" ausserhalb der Erde und betrachtet diesen Vorgang von dieser „Plattform" aus, so wird die Distanz, die der Ball zurücklegt, noch grösser. Wenn wir nun gar die „Plattform" ausserhalb des Universums einnehmen würden, wird das expandierende Weltall mit seiner Geschwindigkeit nochmals die Distanz des zurückgelegten Balles verlängern. So kommt jeder der Beobachter (andere Plattform) dieser spielenden Kinder zu anderen Ergebnissen. Und wir müssen dabei feststellen, dass alle Recht haben mit ihrer Einschätzung der Distanz und es eben nur auf die „Plattform", beziehungsweise den „Standpunkt(ort)" ankommt.

Ein ähnliches Bild ergibt sich bei der Drehung der Erde um die eigene Achse. Für die einen Menschen geht die Sonne auf, während bei anderen Menschen diese gleichzeitig untergeht. Auch bei diesem Beispiel ist es wiederum nur eine Frage des Standortes, von wo aus man das Geschehen beobachtet.

Nun betrachten wir einen Aspekt unserer dualistischen Welt - die Polarität. Diese zeigt sich eigentlich sozusagen in allem: „Kalt und warm, lang und kurz, nass und trocken, hell und dunkel, gross und klein, dick und dünn, gut und schlecht (böse), gescheit und dumm, traurig und froh." Diese Beispiele könnten beliebig erweitert werden und wir kennen sie unter dem Begriff Gegensätze.

Es scheint im ersten Moment, dass Gegensätze keinen direkten Bezug zueinander haben und etwas vollkommen anderes, eben Gegensätzliches darzustellen.

Wenn man aber versucht, ein Gegensatzpaar auf einer imaginären Geraden (Linie) anzuordnen, stellt man schnell fest, dass Gegensätze eigentlich das Gleiche (den gleichen Begriff) darstellen, aber einfach auf einem anderen Punkt (Ort) auf der Linie liegen. Eine Wertung kann nur erfolgen, wenn man ausserhalb dieser Linie die beiden angenommenen Gegensatzpunkte vergleicht. Dabei gibt es zwischen den beiden angenommenen Gegensatzpunkten unendlich viele Zwischenpunkte, die einen lückenlosen Übergang dazwischen markieren.

Nehmen wir einmal das Gegensatzpaar hart und weich. Zwischen diesen Polen gibt es unendlich viele Punkte mit weniger hart, noch weniger hart etc., bis wir beim weichen Gegensatzpunkt angelangt sind. Es gibt keine Stelle, ab der wir klar sagen können, ab hier beginnt nun weich, ausser wir legen dies einfach einmal willkürlich fest.

Spinnen wir diesen Gedanken etwas weiter. Nehmen wir den Ausgangspunkt hart. Nun gehen wir der Linie nach oben Richtung noch viel härter und setzen dort wiederum einen Bezugspunkt. Für einen aussenstehenden Betrachter, der auf einer „Plattform" in der Mitte dieses Bereiches steht, wird nun der ehemals erkannte Gegensatzpunkt hart im direkten Vergleich zum noch viel härteren neuen Punkt nun zu „weich". Das heisst: Gegensätze sind relativ und abhängig vom Standort und der Beobachtungsfähigkeit (welchen Teil auf der imaginären Linie er imstande ist zu sehen) des Betrachters. Der Mensch sieht ja mit seinen Sinnen nur Teilbereiche. Wir können gewisse Farben zum Beispiel nicht sehen und nicht alle Töne hören.

Viele werden hier nun einwenden, dass man weich und hart doch gut unterscheiden kann. Nun, dies hängt natürlich damit zusammen, dass in unserem momentanen Umfeld (mit unseren beschränkten Sinnen) hart und weich sich in einem engen Rahmen bewegen (gemeinsame irdische Plattform) und wir uns an diese relativen Begriffe gewöhnt haben.

Als weiteres Beispiel stellen wir uns einmal vor, dass zwei grossgewachsene Menschen ein Raumschiff besteigen und auf einem anderen Planeten landen. Hier leben „Menschen", die alle grösser als vier Meter sind. Für einen neutralen Beobachter werden unsere „grossen" Erdenbewohner hier im Vergleich dazu plötzlich als klein eingestuft!

Nun ist es soweit und wir nehmen statt hart und weich oder gross und klein - gut und schlecht. Mit diesem Gegensatzpaar spielen wir das Ganze nun genau gleich durch wie mit hart und weich, gross und klein. Die Schlussfolgerung kannst du nun eigentlich selber ziehen. Auch gut und schlecht gehören zur gleichen Linie und hängen nur ab von den angenommenen Bezugspunkten und vom Betrachter. Und diese Betrachter sind die Menschen, die auf unterschiedlichen „Plattformen" stehen und so je nach ihrem Standort gut und schlecht anders beurteilen. Denn auch hier gilt die Regel, alles ist relativ.

Natürlich möchte ich mit dieser Anschauung in keiner Weise einen Freibrief ausstellen, dass man somit tun und lassen kann was und wie man will, weil man von seinem Standpunkt aus etwas als gut beurteilt. Da, wo man andere Menschen mit seinem Handeln schädigt, irgendwelches Leid zufügt oder ihnen die Freiheit nimmt, hört die eigene

Freiheit auf!!!

Da viele Menschen (Normmenschen) auf der Erde aber auf einer ähnlichen „Plattform" stehen, legten diese Normmenschen die Regeln und Gesetze des Zusammenlebens fest. Pech haben damit all jene, die auf einer etwas anderen (entfernteren) „Plattform" stehen (z.B. Homosexuelle).

Jede Religion hat nun eine eigene „Plattform" festgelegt und bestimmt damit, was richtig (gut) und was schlecht (böse) ist. Damit wird eine wichtige Grundlage für Religionskriege geschaffen. Der einzige Ausweg aus diesem Dilemma ist es wohl, das Wahrheitsmonopol der eigenen Religion aufzugeben und die anderen Ansichten auch gelten und leben zu lassen. Allerdings muss Akzeptanz natürlich auch hier eine Grenze haben. Diese wird wiederum durch eine Person, eine Religion oder ein Land überschritten, wenn eigene Meinungen mit Gewalt durchgesetzt werden. An dieser Stelle hört, wie schon oben dran erwähnt, die Freiheit auf. Dies darf nicht akzeptiert werden! Dies widerspricht dem Lebenssinn des Menschen oder ganz einfach dem Leben (Erläuterung in einem späteren Kapitel).

Ein weiterer Punkt in unserer dreidimensionalen Welt ist die Tatsache, dass Energien immer den Weg des geringsten Widerstandes gehen wollen und den Ausgleich suchen (z.B. Spannung in der Elektrizität).

Überall, wo ein Pol vorübergehend bevorzugt wird (Energie wurde zugeführt), kommt früher oder später der Ausgleich oder die Entladung. Nehmen wir einen Ballon zur Illustration. Wir blasen ihn auf. So lange wir verhindern, dass die Luft entweicht, kann die Spannung des Ballons aufrechterhalten werden. Lassen wir ihn aber los, zischt die Luft heraus und er fällt schnell wieder in seinen alten Zustand zurück.

So glaube ich auch, dass die mögliche Veränderung eines Menschen in einem Leben eher klein ist. Er kann wohl bewusst versuchen, „Gutes" zu tun (Luft hineinblasen), aber je mehr er den Ballon in diese Richtung aufbläst und ausdehnt, desto grösser wird das Risiko, dass er früher oder später wieder zurückkatapultiert wird (die Esoterik bezeichnet dies als nichtgelebten Schatten). Der Mensch kann nur beschränkt aus seiner gegebenen Haut schlüpfen.

In unserer dualistischen Welt können wir nicht nur einen Pol leben. So ist es mir schon aufgefallen, dass gerade in der Weihnachts- zeit, wo man alles daransetzt, eine friedliche und besonders gute Stimmung zu erzeugen, sich oft die meisten Streitereien zeigen.

Ähnliches zeigt sich bei sogenannten „guten, erfolgreichen oder schönen" Menschen. Je besser diese in Erscheinung treten, desto mehr lassen sie oft Neid von anderen Men- schen aufkommen oder aber Minderwertig- keitsgefühle. Das heisst, sie erschaffen mit ihrem „Gutsein" gleichzeitig „Ungutes", ohne sich dessen bewusst zu sein.

Du wirst natürlich einwenden: Dafür kann der „gute" Mensch ja nichts. Ich gebe dir da natürlich recht. Trotzdem werden eben bei andern durch seine „Gutartigkeit" teilweise negative Gefühle entfacht.

„Schlechtere" Erdenbewohner andererseits stärken das Selbstbewusstsein von anderen Menschen, indem diese zufriedener werden, wenn sie erkennen, dass sie nicht am Ende der „Rangliste" stehen. So schaffen diese mit ihrem „Schlechtsein" „Gutes".

An dieser Stelle kommt mir ein Satz von Goethes Faust in den Sinn, wo Mephisto (Teufel) sagt: „Ich bin ein Teil von jener Kraft, die stets das Böse will und stets das Gute schafft".

Nehmen wir einmal Mädchen, die Probleme mit dem Gewicht haben. Diese werden bei ihnen sicher grösser, je mehr andere Mädchen mit „Topfiguren" in deren Umgebung sind und gleichzeitig kleiner, wenn noch viele andere um sie herum sind, die gleich viel oder gar mehr Gewicht mit sich tragen. Dies soll aber kein Angriff auf gute und schöne (sowieso relativ) Menschen sein.

Natürlich soll der Mensch nach „Gutem" streben (Mitmenschen helfen zufrieden zu sein). Dabei sollte man sich mit Beurteilung und Kritik an Mitmenschen aber sehr zurückhalten und sich immer bewusst sein, dass die eigene Meinung höchstens aus einer persönlichen Sicht die Richtige ist!!!

Was ein Mensch wirklich ändern kann, ist die Sichtweise (die durch Erfahrungen und Nachdenken entstanden ist), wie er die Welt und sich sieht. Das heisst wir können unsere Einstellungen zu Menschen und Ereignissen verändern.

So ist es fast unmöglich, zum Beispiel als einzelne Person die Schule zu verändern. Aber wir können versuchen unsere Einstellung zur Schulsituation zu verbessern. Dabei darf und soll man natürlich zusätzlich eigene Ideen und Meinungen vertreten.

Das Problem mit dem Dualismus

In meiner Zeit als Primarlehrer habe ich viel ausprobiert. Dabei wollte ich natürlich immer den besten Lehrgang, den besten Schulstyl und die beste Betreuung für „meine" Schüler finden. So glaubte ich einige Male, endlich das Beste gefunden zu haben. Aber immer wieder musste ich die Erfahrung machen, dass jede „positive" Seite auch eine Kehrseite hat. Darin besteht eben das Problem Dualismus. Dies ist ja auch ein Grund, dass immer wieder neue Lehrpläne, Lehrmittel und Schulsysteme entstehen. Allerdings wird es deshalb wohl auch in tausend Jahren keine perfekte Schule geben.

Und dieses Problem des Dualismus findet

sich auch in sehr vielen (oder gar allen?) weiteren Lebensbereichen.

Alles was man tut, beinhaltet immer zwei oder mehrere Aspekte, „positive" wie aber auch „negative". Dazu ein kleines Beispiel: Wir haben vor uns ein Glas (halb gefüllt) mit Wasser in Zimmertemperatur. Giesse ich nun heisses Wasser dazu, gewinnt die „Wärme". Die „Kälte wird dabei zum Verlierer. Nun kehre ich die Situation um. Ich fülle kaltes Wasser aus dem Kühlschrank ins Wasser. Nun gewinnt die „Kälte". Doch gleichzeitig gibt es wiederum einen Verlierer, diesmal die „Wärme".

Zum besseren Verständnis dieses Sachverhaltes möchte ich nun einige Beispiele aus dem täglichen Leben aufzeigen. Wenn ich nämlich etwas, natürlich in guter Absicht, „positiv +" mache, hat dies meist (oder gar immer?) auch einen begleitenden „negativen - " Aspekt.

Reisen:
+ :   Macht Freude, lernt Neues kennen
- :   Belastung der Umwelt durch
          Verkehrsmittel (Abgase, Unfälle etc.)

Schule:

+ : Kinder gelangen zu Wissen

- : Kinder haben weniger Zeit für Spiele und eigene Ideen

Strassenverkehrsregeln:

+ : Verkehrsregeln erhöhen die Sicherheit

- : Regeln beschneiden gleichzeitig aber die persönliche Freiheit

Erfolge einer Firma:

+ : Es gibt Gewinne und Arbeitsplätze

- : Konkurrenzfirmen kommen dadurch unter Zugzwang nachzuziehen oder gehen ein.

Gutes Essen:

+ : Ist für uns ein Genuss

- : nicht immer gut für die schlanke Linie

Florierende Wirtschaft:

+ : Es geht uns besser und wir können uns mehr leisten

- : Die Ressourcen unserer Erde werden schneller ausgebeutet und es gibt mehr Abfall

Reichtum:

+ : Ich kann mir viel leisten

- : bei gewissen Menschen kann dies Neid auslösen

billiger Einkauf:

\+ : Mit meinen Finanzen kann ich viel mehr kostengünstige Dinge erwerben

\- : Gleichzeitig machen die Verkäufer (z.B. Bananenproduzenten) aber kaum mehr Gewinne (Armut der Arbeiter)

Erfolge in der Medizin:

\+ : Die Menschen können länger leben

\- : Probleme mit der Finanzierung der Altersvorsorge

Mit Auto schnell fahren:

\+ : Man kommt früher am Zielort an und der Verkehr wird flüssiger

\- : schlimmere Unfälle

Schlussfolgerung:

Es gibt auf dieser Welt nicht nur ein „Gut" oder ein „Schlecht". Alles hat mindestens zwei Seiten. Je nach der eigenen „Plattform" unterstützen wir die eine Seite, während wir die andere Seite gerne übersehen. Das heisst, man setzt eigene Prioritäten. Wir wählen einfach das, was von unserer „Plattform" aus als für wichtig und richtig befunden wird.

Dabei können wir diese Erkenntnisse aber auch umkehren. Alle negativen Seiten beinhalten auch Positives!

Wissen oder Annahmen

Gibt es überhaupt Realitäten, die unumstösslich bewiesen sind? Ja natürlich, einen Gegenstand kann ich sehen und berühren und fühlen. Aber man weiss auch, dass die Augen und Hände nur Impulse aufnehmen und erst im Gehirn daraus das Erfassen (Bild) zum Beispiel eines Baumes bewerkstelligen. So kann man auch im Traum sehen, ohne dass die Sinnesorgane etwas aufnehmen.

Es stellt sich die Frage, was diese Impulse auslöst. Gibt es wirklich einen Baum oder ist die ganze Schöpfung vielleicht nur der Gedanke eines „Gottes", der sich in unserem Hirn manifestiert (siehe dazu Kapitel Traumwelt).

Interessant ist in diesem Zusammenhang das Bibelwort: Am Anfang war das Wort und das Wort war bei Gott und Gott war das Wort. Und wenn man weiss, dass jedes Wort ja von einem Gedanken abhängt, könnte dieser biblische Satz doch einigen Wahrheitswert enthalten.

Die Wissenschaft sagt, dass gewöhnliche Materie beinahe zu 100 Prozent aus leerem Raum besteht und eigentlich keine Farben enthält. Auch stellt man immer mehr fest, dass Materie mehr oder weniger aus nichts anderem besteht als aus Schwingungen des Äthers, aus Energie. Trotzdem erscheint uns der Baum hart und farbig. Aber auch Wissenschaftler arbeiten mit ihren Augen und gehen von dem aus, was sie sehen, spüren und hören. Dazu gehören auch Mikroskope und andere Maschinen für die Forschung. Das heisst, mit Materie erforscht man die Materie. Somit arbeiten also auch Wissenschaftler eigentlich nur mit Annahmen.

Das einzig Sichere ist wohl die Aussage von Rene Descartes: Ich denke, also bin ich!

Es gibt viele Menschen, die glauben alles, was ein Autor in einem Buch als Wahrheit verkündet, obwohl der Leser dies in keiner Weise nachprüfen oder mit seinem Intellekt wenigstens nachvollziehen kann.

Wir selber sind auch sehr wissenschaftsgläubig. Wer zweifelt schon an den Aussagen eines erfolgreichen Wissenschaftlers.

Zum Beispiel glauben die meisten Menschen den Historikern, dass die Ägypter die Pyramiden vor etwas 4000 Jahren erbaut haben als Grab für Pharaonen. Daneben gibt es überall auf der Welt noch andere ähnliche Bauten. Man sagt, dass die Menschen in jener Zeit mit Kokosfaserseilen und anderen einfachen Geräten Steinquader mit teilweise 300 bis 1000 Tonnen Gewicht aus einem Steinbruch herausgebrochen und danach einige hundert Meter transportiert und aufgerichtet haben. Dabei enthält die Cheopspyramide über eine Million Steinbrocken. Ich denke, dass dies sogar in der heutigen Zeit mit unseren Maschinen sehr schwierig umzusetzen wäre. Und je mehr ich mich mit dieser Materie auseinandersetze, mich im Internet und in Büchern schlau mache und darüber nachdenke, desto grösser werden meine Zweifel.

Eine Lösung kann ich auch nicht anbieten. Aber die von den Historikern beschriebenen Lösungsansätze scheinen mir zumindest mit vielen Fragezeichen behaftet zu sein. Entweder waren die Menschen jener Zeit viel weiter als wir das heute annehmen oder jemand anders hat diese Bauwerke erstellt, vielleicht auch in einer ganz anderen Zeit.

So übernehmen wir oft „Wahrheiten?", ohne dass wir uns viele Gedanken darüber machen und es selber nachprüfen. Heute mit dem Internet passiert dies noch schneller.

So ist es doch eher eine Ausnahme, dass (2017) in Amerika ein besonders kritischer Mann, der nicht alles einfach glauben wollte, eine eigene Rakete am Bauen war, mit der er beweisen wollte, dass die Erde nicht eine Kugel, sondern eine Scheibe sei. Klar halten wohl 99 Prozent der Menschheit (auch ich) diesen Mann, oder wenigstens seine Idee, für verrückt. Allerdings sass kaum ein Leser dieses Buches in einem Raumschiff und kann damit bestätigen, dass die Erde wirklich eine Kugel ist. Auch sonst dürfte es manchem schwerfallen, dies zu beweisen (Bilder /Fotos kann man gut fälschen).

Je weniger Quellen zu einer „Wahrheit" verfügbar sind, desto fragwürdiger ist wohl der mögliche Wahrheitsgehalt.

Ähnliches kommt auch bei bekannten Heiligen zum Tragen. Erstens muss ja bei einer Heiligsprechung alles vermieden werden, was die Heiligkeit gefährden könnte. Dabei wird natürlich (auch verständlich) da und dort übertrieben oder „Schlechtes" übersehen. Wenn man bei einem Menschen einmal das Gefühl hat, er sei ein guter Mensch, nimmt man die schlechten Seiten kaum mehr wahr. Das Gleiche gilt natürlich auch umgekehrt. Hat man von einem Menschen ein negatives Bild erhalten, sieht man oft „nur" noch das Schlechte. Dies könnten wohl manche Lehrer bestätigen. Kommt ein Lehrer (Schüler) nämlich einmal ins Schussfeld der Kritik, dann wird es für ihn sehr schwierig, aus diesem Teufelskreis auszubrechen.

Natürlich können wir nie alles nachprüfen, was als Wahrheit gehandelt wird. Auch in diesem Buch habe ich Wissen übernommen und in meine Überlegungen (z.B. die Entwicklung des Menschen) miteinbezogen, die ich selbst nicht nachprüfen konnte. Allerdings stammen diese aus diversen Quellen mit ähnlichen Ergebnissen. Dazu wurden auch Fundgegenstände gefunden, die das Wissen wenigstens teilweise belegen können.

Die Zeit

Wir leben in einer (von uns erkennbaren) dreidimensionalen Welt. Dabei ist die Schöpfung der Materie als manifestiertem Gedanken Gottes für mich durchaus eine Möglichkeit. Allerdings kommt da noch etwas wie eine vierte Dimension dazu, nämlich die Zeit, die eng mit Materie und Raum verbunden ist. Diese scheint mir noch rätselhafter zu sein als die Materie selbst.

Die Zeit steht mit Bewegung in einem engen Zusammenhang. Wenn es keine Zeit gäbe, wäre wohl alles starr und tiefgefroren. Aber wahrscheinlich wäre Materie ohne Zeit gar nicht möglich, da Materie ja zum grössten Teil (wenn nicht gar alles) Schwingung ist und damit Zeit beansprucht (und sei diese noch so kurz).

Wahrscheinlich steht nur der „Schöpfer" des Universums über der Zeit. Mit anderen Worten: „Für einen Gott wäre alles gleichzeitig vorhanden mit allen möglichen Entwicklungsvarianten." Vielleicht ist alles was wir erfinden und erforschen, seit Urzeiten schon als Vorlage vorhanden. Wir Menschen glauben dabei, dass es unsere Schöpfung sei.

Noch spannender wird es, wenn wir erfahren, dass Zeit relativ ist. Nach Einsteins Relativitätstheorie ergäbe sich folgendes Szenario: Wenn wir mit beinahe Lichtgeschwindigkeit unterwegs wären, würde die Zeit für uns langsamer vergehen. Wenn wir also nahe der

Lichtgeschwindigkeit mit einer Rakete fünfzig Jahre durchs All fliegen und danach wieder zur Erde zurückkehren würden, könnte es sein, dass auf der Erde zweihundert Jahre vergangen wären und wir niemanden mehr finden könnten, den wir bei unserem Abflug gekannt hatten. Zeit verläuft also nicht überall gleich schnell.

Unser Universum dehnt sich mit riesiger Geschwindigkeit aus. Wie wäre es mit unserer Zeit wohl, wenn dies nicht der Fall wäre? Oder könnte es gar sein, dass das ganze Universum sich ebenfalls noch in einem anderen Universum noch schneller fortbewegt.

Könnten wir sogar in die Vergangenheit zurückkehren, wenn wir die Geschwindigkeit weiter erhöhen würden? Nun, wir stehen im Wissen um die Zeit noch ganz am Anfang.

Interessant ist, dass wir uns in Träumen wohl in anderen „Zeitzonen" bewegen. So nimmt man an, dass man im Traum in nur wenigen Sekunden Aktionen von mehreren Stunden unserer Zeit durchleben kann. Und im Traum erleben wir das alles ohne Hetze. Es wird gesagt, dass zum Beispiel ein Gewehrschuss im Traum integriert werden kann und man beim

Erwachen (durch diesen Knall) man einen recht langen Traum erzählen kann, in dem der Knall integriert war als Teil des Traumes (z.B. Autozusammenstoss bei Schuss).

Schliesslich empfindet jeder Mensch je nach Situation die Zeit ganz anders. Besucht man als Fussballfan ein Spiel und die eigene Mannschaft liegt mit einem Tor im Rückstand und man hofft, sein Team könnte doch noch ausgleichen, vergeht die Zeit viel zu schnell. Muss man aber einen Vortrag anhören, der einem langweilt, geht die Zeit kaum vorbei.

Ein grosser Wunschtraum des Menschen ist es, einmal in die Vergangenheit reisen zu können, zum Beispiel zu den Dinosauriern oder vielleicht in die Zeit Jesu, um klarzustellen, ob diese auch und wie gelebt haben.

Dies wäre theoretisch möglich, wenn wir uns mit höherer Geschwindigkeit als das Licht (ca.300'000km/sec.) fortbewegen würden, die Zeit also rückwärts laufen liessen.

Da wir aber bisher aus der Zukunft noch keinen Besuch bekommen haben, scheint dies wohl doch eher fraglich, ob dies einmal möglich sein wird (oder könnte es sein, dass UFO-Sichtungen nicht Fahrzeuge von Wesen von anderen Planeten sind, sondern von Besuchern aus der Zukunft?).

Und sollten wir es doch einmal schaffen, müssten wir uns zum Beispiel die Frage stellen, was passieren würde, wenn ich zum Beispiel meine Urururururgrosseltern in der Vergangenheit besuchen und umbringen würde, da ich ja dann nie gezeugt worden wäre und deshalb auch nicht in der Gegenwart leben könnte. Es scheint also, dass die Zeit sich nur in eine Richtung „bewegt".

Trotzdem sehen wir jede Nacht, wenigstens bei klarem Himmel, ein bisschen oder gar weit in die Vergangenheit, indem wir zum Sternenhimmel hinaufblicken. Da das ausgesandte Licht dieser Sterne manchmal hunderte oder gar viele tausende Jahre braucht, bis es bei uns ankommt, sehen wir die Sterne nicht, wie sie im Moment sind, sondern wie sie vor langer, langer Zeit waren. Vielleicht gibt es einige Sterne, die wir momentan sehen, schon viele tausend Jahre gar nicht mehr. Selbst wenn unsere Sonne plötzlich erlöschen würde, könnten wir noch etwa acht Minuten im Garten an der Sonne liegen, bis auch bei uns das „Licht" ausgehen und wir erfrieren würden.

Es gibt ja, wie man sagt, auch noch den sogenannten Zahn der Zeit, welcher an allem nagt. Und tatsächlich: Ohne Hinzufügung von Energie wird (in einem geschlossenen System) alles abgebaut und immer chaotischer. Lässt man ein Auto tausend Jahre draussen stehen, bleibt wohl nur noch ein rostiger Fleck von diesem Auto am Boden übrig, es sei denn jemand kümmert sich jeden Tag darum (Energie wird aufgewendet).

So geht es mit allen Dingen. Mit anderen Worten gesagt: Auch das Universum müsste eines Tages im Chaos enden, ausser ein „Gott" hat seine Hände im Spiel und führt Energie zu. Umso erstaunlicher ist in diesem Zusammenhang die wunderbare Schöpfung, wo nicht abgebaut, sondern aufgebaut wurde. Dazu brauchte es aber eben Schöpfungskraft (Energie).

Die Gottesfrage

Zuerst müssen wir klären, was unter Gott gemeint ist. Für mich ist es einfach die Gesamtheit aller Intelligenz und Schöpfungskraft und lebt in allem Existierenden. Folgerichtig wären auch wir ein Teil Gottes (wenn auch ein sehr, sehr kleiner). Wäre etwas ausserhalb eines Gottes, wäre er nicht allmächtig und vollkommen.

Eng verbunden mit der Wahrheitssuche ist natürlich die Frage nach der Existenz so eines Gottes. Gerade darin gehen die Meinungen auseinander. Für mich ist es unwahrscheinlich, dass sich das Weltall ohne „Gott" so entwickelt hat wie es nun einmal ist. Es gibt anerkannte, ja sogar berühmte Wissenschaftler, die glauben, dass sich das Weltall und das Leben nur zufällig entwickelt haben, also ohne Schöpfer.

Heute gilt noch immer die Sichtweise, dass das Universum durch einen Urknall entstanden ist. Dabei stand am Anfang nur ein winziger „Punkt". Aus diesem ist dann das ganze Universum entstanden mit hundert Milliarden Galaxien (eine davon ist unsere Milchstrasse), die ihrerseits jeweils auch gegen hundert Milliarden Sterne (unsere Sonne ist eine davon) enthalten. Für den normalen Menschenverstand ist dies doch eher unbegreiflich und es würde mich nicht überraschen, wenn diese These einmal umgekrempelt würde. Aber selbst wenn diese These stimmen würde, bleibt immer noch die entscheidende Frage: Wer oder was hat diesen „Punkt" so geschaffen und den Knopf gedrückt für das Starten der riesigen Explosion, die das Universum entstehen liess. Und dabei mussten die Grundbausteine des Universums (Atome, Quarks, Strings etc.) sich so entwickeln, dass sie leicht verknüpfbar waren wie Puzzleteile. Es kann nie ein Bild entstehen, wenn die Puzzleteile nicht zusammenpassen. Und Wissenschaftler wundern sich sowieso, dass es unser Universum überhaupt gibt, da die durch den Urknall entstandene Materie und gleich viel Antimaterie sich eigentlich gegenseitig hätten neutralisieren müssen.

Daneben braucht es wohl für jeden Schöpfungsakt einen Plan. Ohne Planung und Absicht (Idee/Bild) wird nie ein Haus entstehen, obwohl die Grundbausteine für das Haus wie Zement, Bausteine, Wasser, Metall, Sand etc. vorhanden sind.

Die gilt auch bei der Entwicklung von Lebewesen. Wie konnte sich wohl zum Beispiel das Auge eines Tieres entwickeln mit der vielzitierten Ausleseregel von Darwin. Solange ein Auge während der Entwicklung nicht sehfähig ist, hat es keinerlei Vorteile für ein Tier. Das heisst, der Vorteil der Auslese funktionierte hier nicht, da zu viele Schritte nötig waren für das Entstehen eines Auges. Dies gilt teilweise auch für andere Körperteile sowie die Fortpflanzungsorgane. Damit lehne ich Darwins Theorie nicht grundsätzlich ab, sie beinhaltet meiner Meinung nur nicht die ganze Wahrheit.

Dass das Universum per Zufall entstanden ist ohne Schöpfer ist wohl ähnlich unwahrscheinlich wie dies: „Man zerschneidet auf der Erde ein grosses Bild in kleine Teile. Dann wirft man diese Teile aus einem Flugzeug und schaut, ob sich das Bild unten auf der Erde wieder zusammensetzt". Man wird dies unendlich viele Male machen können, aber es wird nie das alte Bild entstehen. Ich glaube deshalb auch nicht, dass etwas einfach zufällig sich entwickeln kann, ohne dass eine Ordnung, ein Plan oder verknüpfbare Gesetze (Formeln und elementare zusammenfügbare Puzzleteile) vorhanden sind. Es spricht also sehr vieles für einen hinterlegten Plan und damit für eine allumfassende Schöpferkraft.

Doch schon stellt sich einem die nächste Frage. Wie kam es zu diesem Schöpfergott? Wer erschuf diesen und wie und wann entstand dieser? Was gab es davor? Bei diesen Fragen beginnt mein Gehirn jeweils zu rotieren und ich spüre deutlich, dass ich mit diesen Fragen ganz eindeutig an meine denkerischen Grenzen stosse.

Ich gehe nun einfach davon aus, dass es einen Schöpfergott gibt. Wenn man die Natur mit all den Schönheiten sieht, wird diese Meinung noch verstärkt.

Nun gibt es aber eben noch den Gott der Religionen, der je nach Religion anders verehrt und angebetet wird und der die Menschen umsorgt. Hier wird es für mich wesentlich schwieriger, dies zu verstehen. Und das geht wohl noch vielen Menschen so. Nebst den positiven Hinweisen für einen Gott gibt es beim „kirchlichen Gott" doch manche offenen Fragen.

Warum zum Beispiel wurden unvollkommene Menschen erschaffen, die versuchen sollen, besser zu werden? Daran ändert auch die Schöpfungsgeschichte von Adam und Eva nichts. Warum zum Beispiel pflanzte Gott den verbotenen Baum der Erkenntnis ins Paradies? Nur damit der Mensch vom Apfel der Erkenntnis naschen würde und damit aus dem Paradies vertrieben werden konnte? Warum hat er uns Menschen nicht von Anfang an schon so erschaffen, wie wir schliesslich werden sollen? Hier kommt natürlich die vielzitierte Antwort ins Spiel, dass der Mensch von Gott das Geschenk der freien Entscheidung erhalten habe. So könne sich der Mensch eben für oder gegen Gott entscheiden. Er darf dabei aber nur GLAUBEN, nicht WISSEN, obwohl Gott uns geschaffen hat mit einem Hirn zum Denken. Welcher Mensch möchte sich bei der Aussicht auf ewige Höllenqualen bei einer Wahl wohl freiwillig gegen Gott entscheiden? Dies macht höchstens jemand, der überzeugt ist, dass es keinen Gott gibt. Wo bleibt hier also eine freie Entscheidung? Und ist dies wirklich die Absicht eines fürsorglichen Gottes?

Und schaut man all das Leid an auf der Erde wie Kriege, Krankheiten und Hoffnungslosigkeit, wird dieses Problem noch grösser. Wo gibt es Eltern, die Kinder so ins Unglück laufen liessen und nicht helfen? Warum können

wir nicht mit Gott sprechen, um von ihm wenigstens über seine Absichten Informationen
zu erhalten. Gut, man sagt beten sei mit Gott
sprechen, aber das scheint mir doch eher in
nur eine Richtung zu gehen.

Da ich sehr christlich erzogen wurde, be-
schleicht mich beim oben Gesagten heute
noch ein gewisses Unbehagen, ob ich Gott
mit meinen Fragen und Ideen verunglimpfen
oder beleidigen könnte. Doch eines meiner
Lebensziele ist es, ehrlich zu sein und möglichst viele Wahrheiten zu finden.

Die Satansfrage wenigstens ist heute etwas
in den Hintergrund gerückt, auch wenn viele
Menschen noch daran glauben, dass es Satan
ist, der die Menschen zu „Sünden" verführt.
Doch der „Schuldige" ist wohl nicht Satan,
sondern es sind normale Triebe, Wünsche,
Machtansprüche, Gelüste und Ängste des
Menschen, die zu „Sünden" führen. Dafür
braucht es eigentlich keinen Teufel der einem verführt.

Interessant in diesem Zusammenhang ist der
Umstand, dass Gott oft mit Licht verglichen
wird, der Satan mit Dunkelheit. Wenn man
nun in einem geschlossenen dunklen Raum

das Fenster öffnet, scheint die Sonne herein und erhellt den Raum. Umgekehrt kann man in der Nacht noch so lange das Fenster öffnen, um die Dunkelheit hereinzulassen. So lange man die Lampe angezündet hat, hat die Dunkelheit keine Chance. Der Raum bleibt hell. So könnte man sagen, dass Dunkelheit (das Böse, Satan) eigentlich keine eigene Existenz besitzt und nur das Fehlen von Licht (das Gute, Gott) verkörpert.

Es wird immer wieder argumentiert, dass wir die oben gestellten Fragen einfach übergehen sollten. Gott sei so gross, dass wir einfach nicht alles verstehen könnten und wir einfach glauben sollten. Selbstverständlich könnte diese Meinung auch richtig sein und ich möchte deshalb niemanden von seinem bisherigen Glauben abbringen. Wir haben weder für das eine noch das andere klare Beweise. Ausschliessen können wir es also nicht. Dabei würde dem Menschen aber eine grosse Last des Unverstehens aufgebürdet. Und es bleibt die Frage: Warum dürfen wir nicht wissen, sondern müssen einfach glauben?

Religionen

Schon die ersten auf der Erde lebenden Menschen (Urmenschen) versuchten das Unerklärliche zu verstehen. Und obwohl es für sie noch unmöglich war, die Natur und deren Wirkungsweise zu verstehen, suchten sie trotzdem eine Antwort auf diese Fragen. Diese fanden sie vorerst in Göttern, die Krankheiten und Seuchen schickten, Erdbeben, Vulkane und Hungersnöte auslösten und vieles mehr.

Dabei versuchte man, die Götter gütig zu stimmen und man brachte ihnen Opfer dar, um eine Bestrafung durch sie abzuwenden. In allen Gebieten der Erde gab es solche Gottheiten, meist in grosser Anzahl.

Erst vor etwa drei- bis viertausend Jahren (nach neusten Erkenntnissen gab es die ersten Urmenschen schon vor zwei bis vier Millionen Jahren!) entwickelte sich der Monotheismus, also den Glauben an nur einen Gott.

In Ägypten war es der Sonnengott Ra. Später entstanden das Judentum, das Christentum, der Islam und andere Religionen, die einen alleinigen Gott verehrten. Man beachte, dass unsere heutigen Religionen sehr jung sind und bis jetzt nur eine sehr, sehr kleine Zeitepoche des Menschen für sich in Anspruch nehmen können! Mit anderen Worten gesagt: Religionen kommen und gehen. Bei diesem Sachverhalt noch zu behaupten, die eigene Religion sei die einzig Richtige, scheint dabei doch sehr vermessen zu sein.

Im fünfzehnten Jahrhundert fanden die Hexenverfolgungen statt. Gewöhnliche Menschen wurden verurteilt, weil sie mit dem Teufel unter einer Decke stecken würden. Hunderte oder gar Tausende wurden gefoltert oder landeten gar auf dem Scheiterhaufen und dies alles im Namen des Christentums. Seitdem sind noch keine sechshundert Jahre vergangen! Selbstverständlich gab es solche Auswüchse auch in anderen Glaubensrichtungen.

Und damit kommen wir zum Hauptproblem mit den Religionen. Dieses besteht darin, dass alle glaubten und glauben, die eigene Religion sei die einzig Richtige (z.B. ich glaube an die heilige katholische Kirche). Dadurch folgt der nächste soweit verständliche Schritt: Alle Menschen sollten aus diesem

Grund zu ihrer Religion bekehrt werden. Dies geschah nun nicht nur friedlich, sondern auch mit viel Unterdrückung und Gewalt. So hatten die viele Kriege in der Vergangenheit einen religiösen oder zumindest ideologischen Hintergrund.

So ist es nicht verwunderlich, dass John Lennon in einem Lied (Imagine) unter anderem singt: Stell dir vor, es gäbe keinen Himmel und keine Religionen. Er glaubte, dass es ohne diese eine friedlichere Welt gäbe. Sicher ist es zu einfach, nur den Religionen den schwarzen Peter zuzuschieben (das Streben nach Macht, Egoismus wie auch Rassismus sind ebenfalls häufige Kriegsgründe). Trotzdem steckt doch mehr als nur ein Körnchen Wahrheit dahinter.

Erstaunlich ist die Tatsache, dass „unsere" Religion, das Christentum, eigentlich eine an sich friedliche Religion ist (wenn man das Neue Testament der Bibel als Grundlage nimmt) und trotzdem im Namen Gottes so viel Leid entstanden ist. Hier zeigt sich das zweite Problem: Alle religiösen Schriften können je nach eigener „Plattform" anders ausgelegt werden.

Leider gibt es auch Religionen, die Gewalt gegen Andersgläubige für die Missionierung tolerieren und sogar als Gott wohlgefällige Tat verherrlichen, und dies auch noch im Jahre 2019!

An dieser Stelle muss aber fairerweise gesagt werden, dass Religionen auch viel Gutes hervorgebracht haben, wie zum Beispiel gelehrt haben, wie man mit den Mitmenschen anständig umgeht. Ob dies ohne Religionen aber schlimmer herausgekommen wäre, lässt sich heute nicht mehr beurteilen. Zwar haben wir ja ein Gewissen. Dieses wurde aber auch einmal geformt durch Erfahrungen und durch religiöse Leitsätze und Regeln.

Komme ich nun zum Fazit für dieses Kapitel. Jeder Mensch soll das Recht haben, seine Religion auszuüben und glauben dürfen, was er für richtig hält. Allerdings hat dies (ich wiederhole mich hier ein weiteres Mal) dort seine Grenzen, wo man andere mit Drohungen und Gewalt bekehren will. Dies darf nicht toleriert werden! Dies tangiert das wichtigste Gut, nämlich die menschliche Freiheit und Selbstbestimmung. Daneben gilt natürlich für alle Religionen auch das Bibelwort: An ihren Früchten werdet ihr sie erkennen.

Krankheit und Medizin

Bei einem Spitalbesuch lernte ich Menschen kennen, die ein sehr hartes Los zu tragen haben. Dabei kennt ja sicher jeder eigene Beispiele dazu aus dem Alltagsleben. Dieses Leid zieht sich bei vielen unter grossen Schmerzen über Jahre hin. Die christliche Begründung, dass wir durch solche Erfahrungen wachsen würden und Gott schon eine Absicht dahinter habe, scheint mir dabei doch sehr, sehr schwer nachvollziehbar zu sein. Ich denke, ein halbes Jahr so leben zu müssen, wäre schon genug Erfahrung. Allein der Anblick von solchen leidenden Menschen ist nicht einfach.

Warum schreitet ein Gott nicht ein und gibt zumindest eine einsichtige Begründung dafür. Eine teilweise nachvollziehbare Antwort besteht vielleicht darin, dass der Mensch heute durch die moderne Medizin viel länger leben (manchmal doch eher vegetieren) kann, obwohl er für ein hohes Alter gar nicht geschaffen wurde.

Wie viele Leute, sagen wir mal ab sechzig, kommen nicht mehr ohne Medikamente aus, haben künstliche Hüft- und Kniegelenke, Herzschrittmacher und vieles mehr. Trägt also der Fortschritt in der Medizin die Schuld an diesem Dilemma? Hat sie den Plan Gottes damit durchkreuzt? Nein, denn wir haben ja die Gabe erhalten, zu denken und damit auch zu forschen und Neues zu entwickeln.

Trotzdem gibt es dabei ein riesiges Problem: Die Krankheits- und Reparaturkosten für den Menschen steigen und steigen und werden wohl kaum ein Ende nehmen, da immer teurere und effizientere Ersatzteile, Maschinen und Medikamente geschaffen werden. Das Resultat davon ist, dass die Medizin das Leben verlängert hat.

An dieser Stelle müssen wir das Thema Exit etwas beleuchten. Hier in der Schweiz haben wir die Möglichkeit, ein mit unzumutbar viel Leid geprägtes Leben freiwillig vorzeitig zu beenden durch die Einnahme eines diesbezüglichen Medikamentes.

Hier entsteht natürlich eine Konfliktsituation mit dem Christentum (aber auch anderen Religionen). Der Mensch soll so lange leben, bis Gott ihn aus dem Leben zu sich ruft und nicht selbst den Todeszeitpunkt festlegen. Allerdings pfuschen wir, wie schon oben dran erläutert, dem lieben Gott ja schon lange in sein Handwerk. Ohne unsere Medizin hätte er viele Menschen schon viel früher zu sich gerufen. So denke ich, dass es nebst der heute angewandten Lebensverlängerung mit gleichem Recht auch Sinn machen kann, ein leidvolles Leben früher zu beenden, ohne ein schlechtes Gewissen haben zu müssen.

Manchmal sind Tiere zu beneiden, die eingeschläfert werden dürfen, wenn sich zu viel Leid (Krankheit/Schmerzen/Unfall) angesammelt hat. Bei Tieren sind die Menschen tolerant und lassen dies – Gott sei Dank - zu.

An dieser Stelle möchte ich noch ein sehr explosives Thema anschneiden. Wie ich oben erwähnt habe, steigen die Gesundheitskosten ins Unermessliche und es wird wohl die Zeit kommen, da man diese nicht mehr bezahlen kann.

Vor vielen Jahren sah ich einmal einen Film, in welchem alle Menschen bei einem festgesetzten Alter (z.B. 80 Jahre) „eingeschläfert" wurden. Dabei konnten sich diese Menschen bei einem Fest vorher noch von ihren Verwandten, Freunden und Kollegen verabschieden. Dieser Film, den ich in jungen Jahren einmal gesehen habe, ist noch immer in meinem Gedächtnis und lässt mich bis heute nicht mehr los. Ich weiss, die Aussage in diesem Film tönt sehr ketzerisch und krass. Viele werden sagen, dass es doch auch Achtzigjährige gibt, die noch gesund und voller Lebensfreude sind und keinesfalls sterben möchten. Andere werden sagen, dies ist Mord und absolut nicht tolerierbar. Andererseits müssen Kinder etwa mit sieben auch in die Schule, ob sie nun wollen oder nicht. Und wenn man von Kind auf wüsste, dass man in einem bestimmten Alter sich verabschieden muss, wäre dies vielleicht durchaus akzeptierbar.

Wahrscheinlich könnte bei einer solchen bezahlbaren Lösung auch viel „künstlich verlängertes Leid" verhindert werden. Natürlich ist dies nur ein Gedankenspiel und so lange das Thema Exit in der Gesellschaft noch nicht voll integriert ist, wird die oben beschriebene Möglichkeit sowieso keine Chance haben. Sie soll deshalb einfach als Denkanstoss verstanden werden.

Ein weiteres sehr aktuelles Thema ist im Moment die Heilung von Krankheiten via Genveränderungen. Bei Tieren (auch Pflanzen) kann man bereits krankmachende Gene aus den Chromosomen herausschneiden. Damit können Krankheiten geheilt oder gar für immer (auch für die Nachkommen) entfernt werden. Diese Errungenschaft wird früher oder später auch beim Menschen praktiziert werden, obwohl zurzeit sehr grosse moralische Bedenken dazu vorhanden sind. Und diese sind, wenigstens im Moment noch, sicher angebracht. Mit solchen Eingriffen verändern wir den Menschen. Dabei wissen wir noch viel zu wenig darüber, ob wir mit diesen Eingriffen gleichzeitig auch Nützliches aus den Erbanlagen entfernen oder gar eine andere Krankheit damit heraufbeschwören.

Trotz dieser Bedenken wird die obige Entwicklung letztendlich nicht aufzuhalten sein, da dies sicher irgendwo auf der Erde legalisiert werden wird. Und schwerkranke Menschen packen dabei jeden sich bietenden Strohhalm für eine Heilung.

Mit Genveränderungen lassen sich natürlich

nicht nur Krankheiten auslöschen, sondern auch besonders „starke, schöne, intelligente und langlebige" Menschen heranzüchten. Dies scheint mir einiges problematischer zu sein. Doch auch hier wird dies wohl früher oder später irgendwo auf der Erde stattfinden. Was dann dabei herauskommt, wird sich zeigen. Jedenfalls kommt es mir dabei ähnlich vor wie beim Turmbau zu Babel, als man einen Turm bis zu Gott hinauf bauen wollte. Wie die Geschichte ausgegangen ist, kann man in der Bibel nachlesen.

Trotz meiner Bedenken wird die Wissenschaft weiter in dieser Richtung forschen und es ist durchaus möglich, dass solche Genveränderungen in weit entfernter Zukunft zum normalen Standard gehören werden.

Reinkarnation und Karma

Wenn man eine Erklärung erhalten will für das Problem des Leidens auf dieser Welt, stösst man unweigerlich auch auf die Themen Reinkarnation (Wiedergeburt) und Karma. Diese Themen sind nicht so leicht fassbar, da es viele verschiedene Strömungen gibt, die die Reinkarnation und das Karma unterschiedlich auslegen. Ursprünglich kam diese Lehre aus dem Hinduismus, ist heute aber ein zentraler Teil der Esoterik und verschiedener Religionen geworden.

Im Christentum ist diese Lehre nicht klar integriert, auch wenn einige Bibelstellen darauf hinweisen könnten. Laut esoterischen Quellen soll die Reinkarnation bei einem Konzil vor vielen Jahren aus der katholischen Glaubenslehre entfernt worden sein.

Reinkarnation bedeutet, grob gesagt, dass jeder Mensch eine Seele besitzt und diese nach dem körperlichen Tod wieder in einem neuen Körper weiterleben wird. Dieses Wiedergeborenwerden setzt sich mehrere Male fort, bis der Mensch seine Lebensaufgaben erfüllt und vollkommen geworden ist.

Damit dies auch gelingen kann, hilft das Karma. Dieses sagt aus, dass für alles, was ein Mensch tut, er dafür selbst die Verantwortung trägt. Wenn er etwas Schlechtes getan hat, wird das Folgen haben (eine Art Ursache und Wirkung) und er muss diese Schuld abbezahlen durch Leid (z.B. Krankheit, Unfall, Armut etc.) am eigenen Körper. Dies soll ihm dabei helfen, ein immer besserer Mensch zu werden. Dabei zählt nicht nur das jetzige Leben, sondern die, wie die Reinkarnation annimmt, vielen weiteren Leben davor und danach. Hat zum Beispiel ein Mann seine Frau umgebracht, könnte es sein, dass er in einem späteren Leben ebenfalls umgebracht wird. Damit wäre natürlich ein Grund gefunden, das Leid in der Welt zu begründen.

Dies schien für mich lange Zeit auch der einzig mögliche Weg zu sein, da er vieles erklärte, was sonst für mich unbegreiflich war.

Allerdings kamen mir auch hier mehr und mehr Zweifel. Die Reinkarnation wird, wie schon angedeutet, sehr verschieden ausgelegt. Einige Verfechter glauben auch an eine Wiederverkörperung in Tieren. Andere glauben, dass man bei der Wiederverkörperung nie zurückfallen kann in tiefere Stufen, höchstens mehrere Male die gleiche Stufe absolvieren muss.

Es gibt auch Religionen, bei denen Gott durch Gnade einen Teil des Karmas erlassen kann. Schliesslich sollen aber dann alle am Ziel ankommen in genügend vollkommenem Zustand. Das heisst: Triebe, Machtgefühle, Ehrgeiz sowie Lustgefühle sollten dann überwunden sein – eine sehr schwierige, eher unlösbare Aufgabe im Angesicht unserer polaren und dualistischen Welt.

Die Reinkarnation hat den Sinn, mittels Karma den Menschen zu läutern.

Nun aber zu meinen Bedenken dazu. Da uns Menschen ja nicht bewusst ist, was wir in früheren Leben verbrochen haben sollen, können wir auch keine Verbindung herstellen zwischen Tat und gerade erfahrenem Leid, und damit auch keinen Lernprozess auslösen. Durch Krankheit und Leid werde ich nicht zwangsläufig ein besserer Mensch, höchstens ein bisschen bescheidener. Manchmal aber tritt sogar Verbitterung und Unverständnis ein. Dies gilt für all jene Menschen, für die Reinkarnation und Karma ein Fremdwort ist, umso mehr.

Bei sogenannten Rückführungen in frühere Leben „können" die Reinkarnationsgläubigen einsehen, welche Schuld sie einmal auf sich geladen haben. Bei solchen Menschen wäre ein Lernprozess vielleicht noch eher nachvollziehbar. Allerding stellt sich da sofort die nächste Frage: Warum ist unser Leben nicht so eingerichtet, dass wir ohne Hypnotiseur oder Medium Einblicke in unsere früheren Leben haben können. Kommt hinzu, dass ein positiver Lernprozess durch Leid wohl eher durch Angst, nicht noch weiteres negatives Karma zu schaffen, zustande käme und nicht unbedingt durch Einsicht.

Und was lernen wohl in Krankheit geborene Kinder, die nach drei Monaten diese Welt wieder verlassen mussten, aus dieser Krankheit? Einige Reinkarnationsgläubige werden wahrscheinlich entgegnen, dass Eltern an schweren Krankheiten ihres Kindes wachsen und vielleicht sozialere Menschen werden können, da sich in ihren Ansichten die Prioritäten dadurch verschoben haben. Hier stimme ich durchaus zu. Aber muss dies unbedingt auf Kosten der armen Kinder geschehen?

Wieso müssen gewisse Menschen mehrere Jahre schlimm leiden? Ich denke, ein Jahr würde wohl genügen.

Was lernt wohl ein Mensch durch den schlagartigen Tod bei einem Verkehrsunfall? Wie erklären sich denn die vielen tausend Kinder, die in Hungersnöten dahingerafft werden?

Es heisst, dass der Mensch allein für seine Krankheiten verantwortlich ist. So könnte man eigentlich sehen, dass ein Mensch gerade dabei ist, eine begangene Schuld abzutragen. Sollte dies wirklich so sein, dann müsste man keine Angst mehr haben vor Giften in der Umwelt, da sie ja nur die „Schuldigen" treffen würden. Also hinein in die Luftverpestung. Ich könnte dann auch problemlos einen gefährlichen Sumpf durchqueren, da mir ja nur etwas passiert, wenn ich ein diesbezügliches Karma geschaffen habe.

Wenn nun Krankheiten und Unfälle die Folgen von Fehlverhalten sind, warum gibt es bei Tieren und sogar Pflanzen auch Krankheiten? Was haben wohl die Sonnenblumen oder Apfelbäume in meinem Garten verbrochen, dass sie krank wurden? Oder zählen Krankheiten nur bei den Menschen?

Hinzu kommt, dass die Weltbevölkerung dauernd zunimmt. Wo waren denn diese vielen Menschen früher? Nach neusten Erkenntnissen gab es früher bedeutend weniger Menschen als heute. Natürlich kann da erwidert werden, dass die Menschenseelen früher als Geistwesen unterwegs waren oder auf anderen Planeten gelebt hätten und nun auf der Erde weitere Runden drehen sollen. Damit könnte man das Ganze noch einiger Massen begründen, aber damit wird alles doch sehr spekulativ und weit hergeholt.

Und die Ansicht, dass die Reinkarnation so lange andauern wird, bis alle Menschen zur Vollkommenheit gelangt sind, scheint mir auch nicht über alle Zweifel erhaben zu sein. Jedenfalls wird es wohl noch Ewigkeiten dauern, bis ich vollkommen sein werde!!!

Und wieso erschien der Mensch (Urmensch) erst vor etwa drei Millionen Jahren auf der Erde, obwohl diese schon viele Millionen Jahre früher mit Tieren bevölkert und damit bewohnbar war? Wieso mussten die ersten Menschen in Höhlen hausen und waren kaum weiterentwickelt als Affen?

Bleibt noch die Frage nach den Erinnerungen von kleinen Kindern an frühere Leben. Dies muss kein Beweis für frühere Leben sein. Vielleicht legt der Mensch ja eine Spur oder eine Markierung in den „Äther", die noch von sehr sensitiven Kindern empfangen werden kann. Jedenfalls scheinen stark emotionale Episoden an diese von Kindern erinnerten

Personen besonders häufig zu sein wie zum Beispiel Hinrichtungen, Gefangenschaft, Folter etc. So scheinen emotionale Ereignisse eine tiefere und stärkere Spur im „Äther" zu hinterlassen. Diese können dann von sensiblen Menschen vielleicht manchmal empfangen werden. Wahrscheinlich werden solche „Lebensspuren" durch jeden Menschen dauernd hinzugefügt.

Besonders an religiösen Orten werden diese Spuren verdichtet vorhanden sein durch z.B.: Intensive Gebete um Heilung. Möglicherweise führt gerade dies zu Spontanheilungen an diesen Orten.

In diesem Zusammenhang hatte ich selber schon ein paar Mal kleine Erlebnisse, die mir aufgefallen sind. Ich wollte zum Beispiel im Keller etwas holen. Doch als ich im Keller war, fiel mir einfach nicht mehr ein, was es sein sollte. Ging ich dann aber wieder zurück in den Raum, wo ich mir den „Holbefehl" gegeben hatte, fiel mir sofort wieder ein, was es war. Ähnliches erlebe ich bei Spaziergängen. So kommen mir hier bei Orten, wo ich einmal etwas „Spezielles" oder Emotionales erlebt hatte, sofort diese Ereignisse wieder ein.

Wahrscheinlich hast du als Leser die oben erwähnten Erfahrungen auch schon gemacht. Vielleicht hinterlassen wir auf unserer Reise durch das Leben eine ortsgebundene Spur, wie auf einer Festplatte, die unter gewissen Umständen wieder abgerufen werden kann.

Trotz allem Geschriebenen in diesem Kapitel ist es natürlich durchaus möglich, dass es eine Seele gibt und diese den körperlichen Tod überleben kann, in welcher Form auch immer. Ein Indiz dafür ist die Feststellung der Wissenschaft, dass nichts einfach verschwindet, sondern höchstens seine „Struktur" verändert.

Auch Energie wandelt sich höchstens in eine andere Form um. Und so könnten auch Gedanken und Empfindungen irgendwie weiterleben. Wie, das ist Spekulation.

Ein letzter Punkt betrifft die Logistik für die Reinkarnations- und Karmatheorie. Wenn es einen Gott gibt, dann ist er ohne Zweifel unbeschreiblich „gross". Aber dass er alle Menschen zu jeder Zeit und überall unter Kontrolle hat und für jede Wiederverkörperung eines Menschen gleich wieder einen Körper findet, der zur neuen Lebensaufgabe passt, übersteigt mein Vorstellungsvermögen. Dies umso mehr, als der Mensch heute selbst Menschen erschafft oder verhindert durch künstliche Befruchtung, beziehungsweise Schwangerschaftsverhütung und Abtreibung.

Wie lebe ich mein Leben

Wenn ich diese Frage beantworten soll, muss ich zuerst wissen, was wichtig ist für mich. Und ich kann es drehen und wenden wie ich will: Das höchste Ziel des Menschen ist es wohl, zufrieden und glücklich zu sein, beziehungsweise zu werden (allerdings nicht auf Kosten anderer Menschen)!

Einige Leute sagen: Andern zu helfen ist das höchste Lebensziel. Aber helfen hat ja auch den Sinn, jemand anderem mehr Glück und Zufriedenheit zukommen zu lassen.

Sicher kann gerade dieses Helfen die eigene Zufriedenheit erhöhen, dann ist sogar beiden Seiten gedient. Dabei sollte man andere Menschen immer so behandeln, wie man selbst auch behandelt werden möchte.

Für einige besteht der Lebenssinn darin, sich weiterzuentwickeln und ein besserer Mensch

zu werden. Allerdings ist auch hier das End-
ziel dann der Himmel, das Glück und die eigene Zufriedenheit, sonst macht dies ja keinen Sinn. Das Ziel wurde bei dieser Variante
einfach auf das Jenseits verschoben, da es
hier nicht immer leicht ist, Zufriedenheit und
Glück zu finden.

Aber wie kann ich hier auf der Erde Zufriedenheit erlangen? Dies ist eine sehr schwierige Frage und es gibt dazu verschiedene
Antworten darauf, die allerdings nie voll-
ständig und unumstösslich sind. Auch hier
gibt es wohl für jeden Menschen wieder andere Wege.

Ein wichtiger Punkt ist sicher, im Leben einen Sinn zu sehen, etwas Sinnvolles zu machen. Und dabei steht, wie oben dran schon
erwähnt, die persönliche Hilfe und Unterstützung für seine Mitmenschen wohl zu-
oberst, auf der „Sinnliste". Dabei geht es darum, seinen Mitmenschen zu helfen, glück-
lich(er) und zufrieden(er) zu werden!

Man hört oft: Geld, Macht, gutes Aussehen
und Gesundheit sind erstrebenswert und
machen glücklich. Diese Aussage trifft teilweise sicher zu und lässt sich nicht verleug-

nen. Allerdings weiss jeder, wie schnell diese Dinge sich ändern können (z.B. Unfall oder Krankheit) und schon steht man wieder vor dem Nichts oder es packt einem die Langeweile, da man alles hat.

Liebe erfahren und weitergeben. Auch dies ist ein weiterer Weg. Und hier hinein gehört ja auch die erste Verliebtheit von zwei Menschen. Dieses bedingungslose Verliebtsein so quasi einfrieren und festhalten wäre wohl das Allerschönste und Allerbeste, was einem passieren könnte und wäre wohl die klare Antwort auf die Frage: Wie lebe ich mein Leben. Allerdings wissen wir alle, dass auch Liebe seine Grenzen hat und uns die „Realität" früher oder später, wenigstens teilweise, wieder etwas auf den Boden zurückholt.

Aber was hat denn wirklich Bestand? Dies lässt sich nicht so leicht beantworten. Es gibt nicht nur eine Lösung, da wir in einer dualistischen Welt leben, wo es immer Leid und Glück geben wird.

Ein wichtiger Punkt ist vorerst, einmal die eigene „Plattform" richtig einzuschätzen und zu akzeptieren, was man hat und wer man ist, und dies mit allen Stärken und Schwächen. Das heisst sich nichts vorzumachen. Es macht wenig Sinn, wenn wir von einer falschen „Plattform" ausgehen. Man muss versuchen, mit dem „Gegebenen" das Beste zu machen. Wenn man von einer falschen „Plattform" ausgeht, entsteht unweigerlich Leid, da man dann seine Ziele mit falschen Vorgaben nicht erreichen wird. Da hilft auch Positivdenken nur bedingt weiter.

Selbstverständlich ist eine positive Lebenseinstellung wichtig! Allerdings kann ich damit mein Äusseres zum Beispiel auch nur unwesentlich verbessern. Durch allzu positives Denken hebe ich mich sogar gerne auf eine falsche, nicht zu mir passende „Plattform". Ich fühle mich dann als jemanden, der ich in Wirklichkeit gar nicht bin. Und dies kann zu Problemen führen. (siehe dazu nächstes Kapitel: Positives Denken) Dies gilt auch für das Berufsleben.

Zufriedener kann man auch werden, indem man sich nicht ständig mit anderen Menschen vergleicht. Wenn man dies macht, vergleicht man sich mit anderen „Plattformen" und dies macht wenig Sinn, da es ja nicht darauf ankommt wo man steht. Vergleichen sollte man sich nur mit sich selbst, indem man danach strebt Neues zu lernen und Fortschritte zu machen.

Dabei muss man sich bewusst sein, dass sich die „Plattform" des Menschen im Laufe seines Lebens mehrere Male verändert. Viele Probleme entstehen, wenn jemand glaubt auf einer „Plattform" zu stehen, wo er vielleicht vor zehn Jahren stand. Diese entstehen, da er dann von falschen Grundvoraussetzungen ausgeht.

Wichtig ist auch, sich selber zu lieben so wie man ist. Erst dann ist es möglich auch andere echt zu lieben. Natürlich ist das leichter gesagt als getan.

Es schadet auch nicht, einmal die eigene Unbedeutsamkeit zu erkennen. Die Erde existiert seit gut vier Milliarden Jahren. Man stelle sich nun einmal vor, wie unbedeutend unsere vielleicht 100 Lebensjahre danebenstehen. Wenn wir die Erdentwicklung auf ein Jahr zusammenschrumpfen liessen, erschien die Menschheit im Jahr erst am 31.Dezember in den Abendstunden. Nimmt man nur unser eigenes Leben, erschienen wir in diesem Jahr erst am 31.Dezember etwa eine Sekunde vor

Mitternacht. Mich lässt diese Kalkulation immer wieder staunen und bescheiden werden. Da ist Überheblichkeit wirklich fehl am Platz.

Deshalb sollte man das Leben auch nicht allzu ernst nehmen und eher als Spielfeld betrachten, wo man einmal gewinnt, einmal verliert.

In einem Spiel zeigt man Einsatz. Man will gewinnen. Vielleicht ereifert man sich auch einmal etwas zu sehr und sagt oder tut etwas, was nicht angebracht ist. Aber spätestens eine „halbe Stunde" nach dem Ende des Spiels hat dies keine nennenswerte Bedeutung mehr, und es ist egal, ob verloren oder gewonnen. So sollten auch die „Spiele" des täglichen Lebens angegangen werden. Dabei hilft auch Humor, indem man über sich selbst lachen kann und nicht gleich Angst bekommt, damit seine Autorität zu verlieren.

Unser Motto sollte auch sein: Jeden Tag so leben, als wäre es der Letzte (Zitat von Apple-Boss). Das heisst ja, das Beste herausholen und nichts aufschieben, sondern das „Jetzt" leben und geniessen.

Ich kenne viele Menschen (ich erwische mich

leider auch nach 66 Jahren noch manchmal dabei), die sich dauernd fragen: Darf ich „Das" machen oder macht man „Das" nicht, gehört sich „Das" oder etwa nicht? Was denken wohl meine Nachbarn, Vorgesetzten und Freunde von mir, wenn ich „Das" mache?

Betrachten sie mich sogar als „Kindskopf", wenn ich „Das" mache? Dazu gehören sämtliche Erwartungshaltungen und Wünsche der Mitmenschen, obwohl diese ja sehr individuell sind und diese Mitmenschen auch auf andern „Plattformen" stehen.

Kinder hören schon sehr früh und fast täglich die Worte: Das macht man nicht! Das darf man nicht! Und dieses entstehende Denken werden wir später kaum mehr los. Natürlich muss man Kinder hie und da zurechtweisen und ich befürworte damit keinesfalls eine antiautoritäre Erziehung.

Allerdings sollten diese „Elternratschläge" immer begründbar (möglichst für das Kind einsichtig) sein.

Hinzu kommen auch die vielen Empfehlungen und Ratschläge von andern, die es kaum begreifen, wenn man „Es" dann nicht so macht, wie sie „Es" beurteilen. Sollen doch die andern sagen, was sie wollen!!! Natürlich gilt diese Aussage nur so lange, als man nicht in die persönliche Freiheit eines Mitmenschen eingreift!

Es ist so wichtig, dass man sich selber ist. Wir haben oft Ängste, dass wir etwas falsch machen könnten oder für andere nicht genügen. Dabei ist es nur wichtig, dass man immer versucht, sein Bestes zu geben. Wir können nicht mehr geben als wir haben!!! Wir können auch keine Äpfel verschenken, wenn wir keine besitzen.

Wenn man nach dem oben genannten Motto lebt, sind Selbstvorwürfe völlig unnötiger Ballast und es erspart einem garantiert viele Ängste.

Bei vielen Menschen wird ihr Glück nur von wenigen Pfeilern (z.B. Berufserfolg, Sport, Macht, Reichtum, Schönheit etc.) getragen. Bricht einer davon zusammen, bleiben oft nur noch wenige übrig, woran man sich festhalten kann. Deshalb sollte man lernen, sich an möglichst vielen kleinen Dingen zu erfreuen: An den Schönheiten in der Natur, an jedem Erfolgserlebnis, an jedem Lächeln das man bekommt usw.

Je mehr solche kleinen Alltagsdinge einem Freude bereiten können, desto ausgeglichener und glücklicher ist ein Mensch. Natürlich müssen wir zuerst lernen, diese Dinge überhaupt zu entdecken und diese sich bewusst zu machen. Aber dies ist lernbar, wenn auch nicht immer einfach.

Bildlich gesprochen kann man dies vergleichen mit einem breiten Bach oder Fluss, den man überqueren will. Jede kleine Freude ist dabei ein Stein, der aus dem Wasser ragt. Und je mehr Steine aus dem Wasser ragen, desto besser und trockener kommt man auf die andere Seite. Und fällt ein „Pfeiler"/Stein einmal aus, sind dann noch genügend andere vorhanden. Hat ein Mensch aber nur wenige „Steine" in seinem Fluss und es wird einmal einer durch ein Hochwasser weggeschwemmt, wird er nicht mehr weiterkommen oder zumindest nasse Füsse bekommen. Im schlimmsten Fall rutscht er dann auf einem glitschigen Stein im Flussbett aus und fällt hinein, oder er muss schwimmen.

Darüber hinaus gilt es, im Hier und Jetzt zu leben und jeden Stein der Reihe nach zu betreten. Wer dauernd in der Zukunft lebt, übersieht die wunderschönen Steine, die um ihn herum sind.

Wir können viel sorgloser das Leben geniessen, wenn wir den Moment leben. Die Bibel sagt diese mit den Worten: «Darum sorgt nicht für den andern Morgen; denn der morgige Tag wird für das Seine sorgen. Es ist genug, daß ein jeglicher Tag seine eigene Plage habe». Einzig die Gegenwart haben wir, soweit überhaupt möglich, in unseren Händen und ist eine Veränderung möglich.

Viele Menschen tragen Lasten aus der Vergangenheit mit sich herum oder fürchten sich vor der Zukunft, obwohl wir wissen, dass die wenigsten Befürchtungen dann auch eintreffen werden. Die Vergangenheit sollten wir sowieso als Vergangenheit betrachten. Vergangenheit heisst ja, es ist vergangen, das heisst es ist vorbei!!! Hier können wir nichts mehr ändern. Dabei sollte für uns nur das Gelernte aus der Vergangenheit von Bedeutung sein.

Natürlich gibt es Dinge die wir planen müssen. So ist es als Beispiel sicher klug, seine Finanzen im Jetzt im Auge zu behalten, damit man auch in späteren Jahren noch „leben" kann, ausser man ist später zufrieden mit Gras, Wurzeln und Wasser.

Sehr wichtig ist auch, seine Gefühle und Wünsche zu leben und nicht zu verdrängen! Das Nirvana im Buddhismus geht da einen anderen Weg. Glückseligkeit wird erreicht, wenn man frei von Wünschen und Denken ist. So weit werden und müssen wir wohl nie kommen. Wünsche gehören dazu, doch sollten diese nicht das Leben in der Gegenwart behindern. Sie sind nicht dazu da im Kopf gespeichert zu werden, sondern sollten wenn möglich gelebt werden!

Jeder Mensch hat seine Träume: Eine Reise planen, pilgern gehen, einen hohen Berg erklimmen etc. Jeder sollte versuchen, diese seine Träume zu leben. Ich bin sicher, dass viele Krankheiten allein deshalb entstehen, weil Wünsche und Ziele aus unterschiedlichen Gründen nicht umgesetzt werden (können). Dabei ist der Bremser oft die unmittelbare Umgebung, wobei der Mut fehlt, auszubrechen aus starren Strukturen.

Wichtig ist auch, dass wir einsehen, dass Veränderungen grössten Teils von uns ausgehen müssen. Das Leben ist so, wie wir die

Dinge sehen. Wir können die Welt nur wenig verändern, jedoch unsere Sichtweise, denn alles, was uns geschieht, ist eigentlich wert-neutral. Das heisst erst wir gewichten ein Erlebnis als gut oder schlecht.

Wenn ich mit meinem Kopf ein Küchenkäst-chen ramme, ist das dem Universum völlig egal und ist keineswegs negativ. Auch meine Hausnachbarn stört das, sofern es nicht zu viel Krach gemacht hat, normalerweise kaum. Nur mir selber scheint es meist keine Freude zu bereiten, ausser wenn ich auf Grund dieses Vorfalls von einer in diesem Moment herunterfallenden Pfanne nicht er-schlagen wurde.

So müssen wir versuchen, möglichst oft die positiven Seiten zu sehen, was natürlich ei-nen langen Lernprozess darstellt.

Wir müssen aber auch feststellen, dass es oft einfacher ist, Positives zu sehen, wenn auch Negatives um uns herum ist. Zwei klei-ne Beispiele dazu: Wenn ich durch dicken Nebel (negativ) wandere und ich beim Auf-wärtswandern plötzlich in die Sonne komme (positiv), löst das in mir ein riesiges Glücksge-fühl aus, viel mehr, als wenn ich von Anfang an im Sonnenschein gewandert wäre.

Oder: Wenn ich eine Krankheit habe und andere noch schlimmere Krankheiten erleiden müssen, relativieren sich meine Sorgen doch ein bisschen. Hierzu liessen sich noch viele weitere Beispiele anfügen.

Ich bin auch überzeugt, dass weniger „beschenkte" Menschen andern Menschen viel mehr helfen, zufrieden zu sein als Menschen, die „alles" haben und andere daneben klein erscheinen lassen. Insofern leisten „schwächere" Menschen Gutes, ohne sich dessen bewusst zu sein.

Dazu kommt mir ein Beispiel aus meiner Lehrerzeit in den Sinn. Jedes Jahr musste ich Fortbildungskurse absolvieren. Dabei fiel mir folgendes auf: Wenn ein Kursleiter schwärmte, wie sehr er alles (die Schule) spielend im Griff habe, motivierte mich das bedeutend weniger, als wenn einer zugab, in diesen oder jenen Bereichen auch manchmal Probleme zu haben. Ich fühlte mich dann nicht allein und es gab mir „Mumm", meinen Schulstyl weiter zu verbessern.

Ein wichtiger Punkt für Zufriedenheit ist, Spannung in unser Leben zu bringen. Das heisst Neues kennenzulernen, etwas zu lernen und Unerwartetes erleben. Dies hält uns lebendig in einer Zeit, wo alles geordnet, versichert und durchgeplant ist.

Nicht von ungefähr gehen viele Menschen in fremde Länder, klettern unter Lebensgefahr auf hohe Berge oder ziehen sich auf eine Alp zurück.

Dies wurde mir auf dem Jakobsweg so richtig bewusst. Jeder Tag war anders und spannend und ich fühlte mich dabei so richtig lebendig. Natürlich muss man dazu nicht auf den Jakobsweg gehen oder auf hohe Berge klettern. Wichtig ist, etwas zu wagen und Neues auszuprobieren und zu erleben. Je nach „Plattform" kann das sehr verschieden aussehen.

Nicht ganz vergessen darf man schliesslich die eigene Religion, wie immer diese auch aussieht. Auch diese kann einem Menschen einen Halt geben und ihm helfen, das Leben besser zu meistern.

Meine Ideen von diesem Kapitel füllen nur wenige Zeilen. Aber es sind für mich die wichtigsten Bausteine für Zufriedenheit. Ich bin überzeugt, dass man sein Leben damit

positiver gestalten könnte. Ich schreibe
„könnte", da das Schwierigste bei allem die
Umsetzung ist. Und dahin bin ich weiterhin
auch auf der Reise.

Positives Denken

In diesem Kapitel möchte ich das Thema positives Denken noch etwas genauer unter die
Lupe nehmen. Natürlich können Menschen
mit einer positiven Lebenseinstellung das
Leben wesentlich besser geniessen als jemand, der in allem immer das Negative sieht.
 Doch es gibt zwei Arten von positivem Denken. Wenn jemand zum Beispiel daran
glaubt, mit Positivismus drei Zentimeter
wachsen zu können oder damit reich zu werden, so ist dies gefährlich, weil er dies
dadurch wohl kaum realisieren kann.
 Wenn er aber seine etwas „klein geratene
Grösse" plötzlich von der positiven Seite her
betrachtet und erkennt, dass dies auch Vorteile haben kann, wirkt dies sehr aufbauend
und ist realisierbar.
 Man wird nicht reich nur durch positives
Denken. Es nützt nichts, wenn ich mir tau-
sendmal pro Tag vorstelle, reich zu sein. Al-

lerdings kann eine positive Einstellung im Leben durchaus einen Einfluss auf den Lohn und die Stellung im Beruf ausüben und damit den Reichtum beeinflussen. Allerdings scheint mir der Wunsch nach Reichtum sowieso eher fragwürdig zu sein.

Was man wirklich mit Positivdenken verändern kann ist die Einstellung, die man hat zu Erlebnissen, andern Menschen oder Dingen. So ist es durchaus möglich, dass jemand ganz gerne einen Spaziergang im Regen unternimmt, während ein anderer dabei die ganze Zeit lästert.

Einer geniesst das Liegen draussen an der Sonne, währen ein anderer dies als Faulheit taxiert.

Einem gefällt das Hotelzimmer, während ein anderer sich bei der Reception über dasselbe Zimmer beschwert.

Diese Beispiele liessen sich problemlos erweitern. Und welcher von beiden ist wohl in diesen Beispielen jeweils der zufriedenere Mensch?

Natürlich wurden diese verschiedenen Einstellungen der Sichtweise jahrelang durch gemachte Erfahrungen und Erlebnisse zementiert. Allerdings, und dies ist ein sehr wichtiger und erfreulicher Punkt, lassen sich solche Einstellungen ändern, auch wenn dies seine Zeit braucht.

Wenn man sich aber jeden Tag die Mühe macht, in allem zuerst einmal das Positive zu sehen, wird dies mit der Zeit zu einer guten Gewohnheit. Wird sich jemand aber einmal bewusst, dass ewiges Stänkern auch seine Umgebung nervt und sie ihm deshalb ebenfalls gereizt begegnet, ist Veränderung durchaus möglich.

Probiere einmal, einen ungeliebten Kollegen zu rühmen (jeder hat Seiten, die man schätzt). Sehr oft wird dies zu einer Annäherung führen. Jemand, der versucht im andern immer (oft) das Positive zu suchen, wird überrascht sein, wie sich dabei auch die eigene „Plattform" zum Guten verändert und die eigene Zufriedenheit wachsen kann.

Liebe und Ehe

Liebe ist mit Bestimmtheit ein sehr wichtiges Thema im irdischen Leben. Nicht umsonst wird sie in vielen Liedern besungen. Gehen wir vorerst zur Liebe zwischen Mitmenschen.

Um überhaupt Liebe weitergeben zu können, muss man sich selber lieben können. Nur wer innerlich zufrieden ist, kann einen andern Menschen annehmen wie er ist und ihn lieben.

Dabei sollte man jemandem seine Liebe geben, ohne dafür Gegenliebe zu erwarten. Es ist natürlich einfacher, sogenannte „nette" Menschen zu lieben als solche, die einem „auf den Wecker gehen". Aber damit haben wir sowieso von unserer „Plattform" aus über andere Menschen geurteilt. Liebe schaut eben gerade nicht auf die „Plattformen" der andern! Indem man seine Mitmenschen liebt, kann man sicher auch viel Gegenliebe erfahren. Befriedigung und Zufriedenheit erlangen durch geschenkte Liebe sollte aber nie das Ziel sein.

Kommen wir nun zur partnerschaftlichen Liebe. Hier stossen wir wieder auf die Dualität: Der Mensch sucht sich meist einen Partner, der andersgeschlechtlich ist. Durch diesen Akt wird dann auch die Fortpflanzung gesichert. Natürlich dürfen wir die Beziehungen zwischen gleichgeschlechtlichen Menschen nicht vergessen, wobei diese auch einen Teilaspekt des Lebens darstellen. Die partnerschaftliche Liebe zwischen zwei Menschen ist sicher eines der schönsten Dinge auf der Erde. Zwei Menschen, die zueinander passen, haben sich gefunden, um gemeinsam den Lebensweg zu gehen.

Zum besseren Schutz der Frauen und der Kinder wurde wohl die Ehe eingeführt. Darin sollen Frau und Mann zusammenbleiben und gemeinsam für das Wohl des Nachwuchses sorgen. Bei Tieren ist dies ähnlich, allerdings gilt dort doch eher selten das Wort Treue.

An sich ist die Ehe eine sehr gute Sache und sorgt für eine gewisse Sicherheit für Mutter, Vater und Kinder. Allerdings sind auch einige Probleme damit verbunden. So ist die Scheidungsrate heute sehr hoch. Wie ich in einem der vorigen Kapitel ausgeführt habe, verändert sich die „Plattform" des Menschen im Verlauf seines Lebens. Beim Eheversprechen stehen Mann und Frau noch auf einer ähnlichen „Plattform". Leider verändern sich dann beide nicht unbedingt in dieselbe Richtung, was wiederum heisst, dass sich die „Plattformen" der beiden nach einigen Jahren schon stark unterscheiden können. Dies kann wiederum zur Folge haben, dass man vieles nicht mehr gleich sieht oder beurteilt, was Spannungen entstehen lassen und dies damit schliesslich zu einer Scheidung führen kann. Um das zu verhindern, muss viel Verständnis und Durchhaltewillen für den anderen aufgebracht werden, wobei diese Durchhalteschwelle heute nicht mehr allzu hoch ist. Das oben Gesagte gilt natürlich auch für gewöhnliche Freundschaften.

Ein weiteres Problem für eine Ehe besteht darin, dass sich ein Mensch in seinem Leben unter Umständen mehrere Male verlieben kann. Es ist wohl eine grosse Illusion, dass man sich nicht mehr verlieben kann in einen anderen Menschen, wenn man erst einmal verheiratet ist. Im Moment der ersten Verliebtheit war der gewählte Lebenspartner wohl der beste mögliche Partner, dem jemand bisher begegnet ist. Aber mit allergrösster Wahrscheinlichkeit gäbe es unter den drei Milliarden zur Auswahl stehenden Partnermöglichkeiten auch noch besser passende.

Selbstverständlich gibt es auch Partnerschaften, bei denen sich beide Teile in die gleiche oder wenigstens ähnliche Richtung weiter-entwickeln. Aber einen Garantieschein für eine gute und ewige Partnerschaft gibt es wohl nicht. Trotzdem kann eine Ehe auch bereichernd sein, wenn sich die „Plattformen" von beiden unterschiedlich entwickeln. Man lernt dabei eine andere „Plattform" kennen und diese besser verstehen.

Geist über Materie

Dies ist eine bedeutsame Aussage in der Esoterik. Das heisst, mit Geist (Denken) lässt sich Materie bewegen und verändern. Von dieser Aussage bin ich auch überzeugt, obwohl klare Beweise fehlen.

 Seit meiner Jugendzeit faszinierte mich der Bibelvers (Markus 11.23): „Wahrlich, ich sage euch: Wer zu diesem Berge spräche: Hebe dich auf und wirf dich ins Meer! und zweifelte nicht in seinem Herzen, sondern glaubte, daß es geschehen würde, was er sagt, so wird's ihm geschehen, was er sagt". Diese unglaubliche Aussage aus dem Munde von Jesus stärkt natürlich die Aussagen der Esoteriker. Doch hier kommt ein sehr schwieriger Punkt hinzu, nämlich fest glauben und nicht zweifeln. Das heisst mit anderen Worten: Wissen und für wahr halten. Ich kann wohl auch zu einer Bananenschale sagen: Hebe dich auf und hüpfe in den Abfalleimer. Aber es ist mir unmöglich, voll zu glauben, dass dies auch geschieht. So wird die Bananenschale einsam liegen bleiben … es sei denn, dass meine Frau es hört und dabei Hilfe leistet.

Wir machen täglich die Erfahrung, dass eine Bananenschale und andere Gegenstände sich nicht von sich aus bewegen können. Dies wird täglich tausende Male festgestellt und im Hirn eingebrannt. Das heisst, wir sind an festgelegte Naturgesetze gebunden, die sich nicht so einfach aushebeln lassen.

Andererseits lässt die Feststellung, dass Materie eigentlich nur Energie (Schwingung) ist, doch einige Hoffnungen durchaus zu. Und es gibt ja einen Ort, wo andere Naturgesetze herrschen, nämlich im Traum. Mehr dazu aber später. Sicher ist, dass wir mit Hilfe unseres Geistes (Denken) unsere Stimmungen verändern können durch eine gesunde positive Lebenseinstellung.

Interessant ist die Tatsache, dass zumindest

unser Körper auf eigene Gedanken reagieren kann. Durch erfahrene Angst oder ein Schreckerlebnis wird im Körper automatisch Adrenalin ausgeschüttet.

Ist jemandem etwas peinlich oder man steht unter Stress, verfärbt sich oft dessen Gesichtsfarbe in Richtung rot.

Haben Kinder grössere Probleme (z.B. in der Schule), bekommen sie schnell einmal Bauchschmerzen.

Natürlich laufen die obigen Beispiele unbewusst ab, allerdings steht das Denken (erfahrenes Erlebnis) immer im Zentrum des Vorganges. Danach löst der Körper eine entsprechende Reaktion aus.

Damit sollte es aber auch möglich sein, den eigenen Körper mit bewussten Gedanken zu steuern. Im autogenen Training oder in der Selbsthypnose spielt diese Macht der Gedanken die entscheidende Rolle. Für alle, welche in dieser Richtung noch nie etwas gehört oder selber ausprobiert haben, habe ich hier eine kleine Übung:

Lege dich doch einmal auf ein Bett oder eine Matte und versuche, dich zu entspannen. Dabei hilft es, sich vorzustellen, dass man seinen eigenen Körper in Gedanken mit einem „Scanner" von den Füssen langsam bis zum Kopf scannt und gleichzeitig versucht, den jeweiligen „Scanort" zu erspüren. Dies ist aber, je langsamer du den Scan (in kleinen Schritten oder besser fliessend von unten nach oben Richtung Kopf) machst, desto schwieriger, da andere Gedanken deine Konzentration zu stören versuchen werden.

Wenn das geklappt hat, beginnst du nun deine Gedanken auf einen Körperteil (anfangs vielleicht mal linke Hand) zu konzentrieren. Dabei stellst du dir vor, dass deine Hand stark durchblutet und immer wärmer wird. Mit einiger Übung wirst du merken, dass sich da wirklich etwas tut und du die Wärme spüren kannst. Ob aber ein Thermometer diese zusätzliche Wärme auch messen könnte, kann ich nicht sagen.

Mit der Zeit wird diese Übung, so habe ich jedenfalls die Erfahrung gemacht, auch mit andern Körperregionen durchführbar sein. Dadurch wirst du deinen Körper immer besser spüren und kontrollieren lernen.

Und da ich die Aussagen von oben dran als richtig erfahren und empfunden habe, bin ich überzeugt davon, dass man durchaus auch Krankheiten mit Hilfe von Gedanken heilen oder wenigstens lindern kann (könnte). Jedenfalls ist es ein Versuch wert, da man dabei nichts verlieren kann und es auch keine ungewollten Nebenwirkungen hat. Du musst also nicht mal den Apotheker fragen oder die Packungsbeilage lesen 😉.

Dabei konzentriert man sich auf den kranken Körperteil und stellt sich über längere Zeit vor, wie das Blut den Krankheitsort durchflutet, erwärmt und damit den Heilungsprozess einleitet. Man kann sich dabei auch vorstellen, dass das Immunsystem „Arbeiter" in die kranke Körperregion schickt um die Krankheit zu beseitigen.

Es reicht natürlich nicht aus, diese Übung nur einmal zu machen. Um eine Wirkung zu erzielen, sollte man diese „Übung" mindestens einmal pro Tag während mehrerer Wochen durchziehen. Ich kann dir natürlich keine Garantien geben, dass dies bei dir funktionieren wird. Aber ein Versuch wird sich in jedem Fall auszahlen, da dies gleichzeitig als Meditation betrachtet werden kann. Verlieren kannst du nichts, nur gewinnen. Und je mehr man an eine Wirkung glaubt und nicht zweifelt, desto besser wohl das Resultat.

Dabei würde ich dies jetzt aber nicht bei jedem kleinen „Bebeli" (unbedeutende Krankheit) anwenden, sondern nur bei solchen, die stark ins tägliche Leben eingreifen! Das oben dran Gesagte ersetzt natürlich nicht den Arzt, sondern soll seine Behandlung verstärken.

Nebst der Gedankenkraft, die auf den Körper gerichtet ist, gibt es aber auch im täglichen Leben Beispiele, die die Aussage „Geist über Materie" bestätigen könnten. So kennen wohl noch viele den Magier Uri Geller, der mit Gedankenkraft Uhren reparierte und Löffel verbog. Es sollen auch einige Menschen die Fähigkeit besitzen, Magnetnadeln zu bewegen nur mit Hilfe von Gedanken. Nicht vergessen darf man die Geistheiler, die andere Menschen so heilen können. Allerdings kann ich die eben erwähnten Fähigkeiten nicht bestätigen, da ich diese nicht selbst erlebt habe.

Die Traumwelt

Träume faszinieren seit je her viele Menschen und sind in allen Kulturen zu finden.

Erstaunlich ist dabei die Tatsache, dass wir nicht nur Bilder träumen, sondern ganze Geschichten, die uns im Traum als echt vorkommen.

Ich träumte vor etwa zwei Tagen, dass ich in einen Einkaufsladen ging. Hier hatte es lauter Süssigkeiten in verschiedenen Rosatönen. Ich konnte die vielen Dinge genau betrachten und die künstlerische Vielfalt bestaunen. Wie ist so etwas überhaupt möglich?

Im bewussten Tagesleben sehen wir die Dinge, weil wir überzeugt sind, dass sie da sind und nicht erst erstellt werden müssen. Wie kann aber im Traum das Bild des Verkaufsraumes mit den vielen detailreichen Süssigkeiten in einem Bruchteil einer Sekunde perfekt dargestellt und erfunden werden, ohne dass ein solcher Raum in Wirklichkeit existiert? Das heisst, innerhalb einer so kurzen Zeitspanne (praktisch zeitlos, komme ja von ausserhalb in diesen Raum, ohne dass es einen Unterbruch gibt) muss das Gehirn ein reales Bild dieses Ladens erschaffen mit all den Dingen, die ich vorher im Tagesleben noch nie gesehen hatte. Und alles ist perfekt eingerichtet. Wie lange ginge es wohl, wenn wir so ein Bild von einem Laden entwerfen müssten. Dies ist für mich schlicht sensationell, oder sogar unbegreiflich. Oder könnte es gar sein, dass dieser Zuckerladen genauso real existiert wie die Bäckerei im eigenen Dorf? Oder dass die Dinge in unserer Tageswelt auch nicht so real sind, wie wir uns das immer vorstellen?

Die Meinungen zu Träumen gehen weit auseinander. Für die einen sind es mehr oder weniger Abfallprodukte des Gehirns, für andere dienen sie der Regeneration und Verarbeitung des täglichen Lebens und wieder für andere kann man durch luzides Träumen das Leben verändern. Daneben versuchte man schon immer, Träume zu deuten und damit in die Zukunft zu sehen oder sein Leben damit zu analysieren. Dafür hat es schon in der Bibel Beispiele (siehe dazu die Josefgeschichte).

Ich selbst geniesse die Traumwelt. Insbesondere hatte ich in meinem bisherigen Leben etwa fünf Träume, die so eindrucksvoll und überwältigend (göttlich) waren mit seinen Gefühlen wie ich diese im bewussten Leben noch nie vorher so tief empfunden hatte.

Dabei wäre ich dann jeweils lieber in diesen Träumen verblieben statt „zurückzukehren". Aber leider habe ich es bisher noch nie geschafft, wieder zum selben Traumerlebnis zurückzukehren.

Für mich haben Träume auch eine eigene Realität. Im Traum fühle ich mich genauso real wie im täglichen Leben – bis zum Aufwachen. Es ging bei einem Flugtraum gar so weit, dass ich mich beim Träumen fragte, ob ich eigentlich nur träume. Die Antwort war: Ich kann wirklich fliegen, das ist kein Traum.

Nun möchte ich versuchen, meine Gedanken zur Traumwelt darzulegen. Kehren wir deshalb etwas zurück zum Kapitel: Wissen und Annahmen. Hier sprach ich davon, dass die Schöpfung vielleicht nur ein Gedanke Gottes darstellt, da Materie eigentlich letztendlich nur Schwingung (Energie) ist. Im Traum können wir alles tun, das heisst, es gibt nichts Unmögliches. Ich kann fliegen, zaubern, die Welt verändern, unsichtbar sein und vieles mehr. Das heisst, im Traum kann ich teilhaben an allen möglichen Gedanken «Gottes». Gott hätte natürlich die „Realität" auch so „denken" können, wie sie unserer Traumwelt entspricht. So sind wir eigentlich im Traum gottähnlich mit allen Möglichkeiten.

Nun ist es aber so, dass wir im wachen Bewusstseinszustand nur auf ein begrenztes Erlebnis- und Möglichkeitsprofil zurückgreifen können. Das heisst mit einem Radiosender verglichen, wir leben nur auf einer Wellenlänge und können nur diesen einen Sender empfangen. Und wir glauben nun, dieser Sender sei der einzig Wirkliche. Oder anders ausgedrückt: Nur das, was wir in unserer dreidimensionalen Welt mit seinen Gesetzen sehen, ist für uns wahr.

Unsere Ideen und Phantasien und Forschungen verdanken wir vielleicht unseren Träumen (oder Tagträumen). Sie geben uns Ideen, was wir noch erforschen und erfinden könnten. Alllerdings können aus dieser Vielfalt von Möglichkeiten eben nur jene Ideen verwirklicht werden, die ins Schwingungsmuster unserer von Gott gedachten dreidimensionalen Welt passen und damit umsetzbar sind. Der Rest wird von uns Menschen als Hirngespinste und Fantasterei belächelt.

Ich glaube auch, dass wir im Traum Gott näher sind als im Wachzustand. Wahrscheinlich befinden sich Menschen mit Nahtoderlebnissen in ähnlichen Bereichen.

Natürlich ist es so, dass Erfahrungen und vor allem Gefühle die Traumwelt beeinflussen. Wahrscheinlich dienen die weitaus meisten Träume dazu, Erlebnisse (Tages- und Langzeiterlebnisse) zu verarbeiten. Dies beeinträchtigt aber in keiner Weise das oben Gesagte. Im Traum verschwimmen die Grenzen zwischen sogenanntem Bewusstsein und dem, sagen wir mal „Überbewussten". Sogar Blinde und andere Menschen in schwierigen Lebensumständen können hier ihre eigene Welt erleben, und abgesehen von Albträumen, positiv die „andere Realität" erleben und geniessen. Wie bekannt, können Medikamente das Träumen und Denken sowie die Gefühlswelt beeinflussen. Also ist Träumen also nur ein chemischer Vorgang? Keineswegs! In unserer dreidimensionalen Welt brauchen wir ja einen Senderempfänger und dies ist der Körper, welcher natürlich die empfangenen Signale durch Chemie oder was auch immer manipulieren kann. Das heisst durch Chemie (Manipulation) interpretiert der Radioempfänger die Signale anders.

So ist Liebe wohl auch nicht nur Chemie, aber der Empfänger kann durch Reize so verändert werden, dass er Liebe, Zufriedenheit und vieles mehr auslösen kann und wir es dann so empfinden.

Ich glaube übrigens, dass es sehr viel bringt, sich mit der eigenen Traumwelt zu befassen und seine Träume aufzuschreiben. Das Beste daran ist, dass Träume von niemandem gestohlen oder durch Krankheit oder andere veränderte Lebensumstände zusammenbrechen können, anders als die Erfahrungen im bewussten Leben, wo die Möglichkeiten eines Menschen in einem Moment zunichte gemacht werden können durch einen Unfall oder Krankheiten.

An dieser Stelle noch etwas zu gewissen psychischen Krankheiten: Könnte es vielleicht sein, dass zum Beispiel bei gewissen Menschen die „normale" Barriere zwischen unserem Wachbewusstsein und der Traumwelt teilweise fehlt? Dann kann ein Mensch nicht mehr unterscheiden zwischen Gottes gedachter dreidimensionalen Welt und den möglichen andern Gedanken Gottes (Traumwelt), die nicht kompatibel mit unserer bewussten Welt sind. Menschen ohne diese Krankheit können zwischen Traum und „Wirklichkeit" unterscheiden.

Erfahrungen und Erlebnisse

Jeder Mensch hat seine eigene individuelle Geschichte mit Erfahrungen, die sein Leben gestaltet haben. Aber wie prägen diese Erlebnisse den Menschen? Für mich legt jedes Erlebnis eine Spur ab im Hirn. Je emotionaler die Erfahrung, desto tiefer prägt sie sich ein und gräbt eine immer tiefer gehende und stärkere „Strasse" ins Gehirn. Dabei prägt jedes ähnliche Erlebnis und jede Wiederholung das Ganze noch markanter ein.

Ich möchte dies vergleichen mit einem Schneefeld. Geht jemand das erste Mal hindurch, gibt es eine kleine Spur. Je öfter man aber diesen Weg geht, desto tiefer, fester und breiter wird der Weg.

So lange die Erfahrungen positiv sind ist das auch gut so. Hat jemand in seinem bisherigen Leben viel Zuneigung und Anerkennung erhalten und war erfolgreich, wird es schwierig sein, dieses positive Grundmuster (Strasse) zu kippen.

Ist die „Strasse" (vielleicht schon Autobahn) aber durch negative Gefühle geprägt worden, ist dies schon Besorgnis erregender, da man bei jedem ähnlichen Erlebnis oder Gedanken sogleich auf diese Strasse gezogen wird und diese damit noch verstärkt und man am Schluss vielleicht gar nicht mehr herauskommt. Und hier bekommen dann Psychologen und Psychiater Arbeit.

Nun, wie komme ich aus diesem Dilemma wieder heraus. Es gibt ja das Sprichwort: Die Zeit heilt Wunden. In diesem Satz steckt sicher viel Wahrheit. Allerdings haben wir das Problem, dass jemand bei ähnlichen Erlebnissen immer wieder auf die negative Spur zurückgezogen wird und so jeweils keine Heilung stattfinden kann, ja diese sogar wieder verstärkt wird, also ein richtiger Teufelskreis. Deshalb glaube ich, dass man als erstes diese verzwickte Situation erkennen und akzeptieren muss. Dabei denke ich, dass Verdrängung kein wirklicher Weg ist, da die alte Situation plötzlich wieder in starker Weise und ohne Vorwarnung aufbrechen kann.

«Meine» Lösung für dieses Problem besteht darin, eine neue positive „Strasse" zu bauen beginnen und sich auf diesen Weg zu konzentrieren! Das heisst, die „Negativstrasse" wird konkurrenziert und die neue „Strasse" soll schliesslich zur Hauptstrasse werden. Diese kann gebaut werden, indem man beginnt, neue Ziele zu verfolgen und sich mit aller Kraft neuen positiven Dingen zu widmen. Die Ziele können dabei (je nach „Plattform") von Mensch zu Mensch sehr verschieden sein (z.B. neues Hobby, Sprache lernen, Berufswechsel, reisen etc.). Dies lenkt auch ab vom alten Weg. Die alte „Strasse" lasse ich so gut als möglich ruhen und versuche dieser keine grosse Bedeutung mehr beizumessen. Bildlich ausgedrückt starte ich einen neuen Weg durch das Schneefeld. Mit der Zeit wird es dann schneien und den alten Weg mehr und mehr zudecken. Wenn ich dann trotzdem wieder einmal auf diesen Weg zurückfalle, versuche ich das gelassen zu nehmen und setze dann meinen Weg wieder auf dem neuen fort. Wichtig ist dabei, einzusehen, dass wir dem alten Weg nicht zu viel Bedeutung beimessen. Dies ist sicher nicht immer einfach und braucht Zeit. Man kann ja zum Beispiel seinen Beruf meist nicht einfach als unbedeutend betrachten. Aber man kann sich immer wieder bewusst machen, dass Leben nicht nur Beruf ist und viel mehr bieten kann, ja sollte. Auch hier ist wichtig, dass man das Lebensziel (glücklich zu sein) vor Augen hat. Dabei kann der Beruf höchstens einen Teilaspekt (Stein im Fluss) darstellen. Beruf steht hier natürlich nur für einen von vielen möglichen Lebensbereichen, die auch nur Teilaspekte für Zufriedenheit darstellen.

Selbstverständlich gibt es im Gehirn nicht nur eine „Strasse". Es gibt daneben noch hunderte von Feldwegen, Nebenstrassen und Trampelpfaden. Andere Wege sind in Planung. Aber es ist natürlich so, dass die „Autobahnen" das Leben am meisten bestimmen. Ich denke, je ausgewogener das Strassennetz ist, desto zufriedener und ausgeglichener ist ein Mensch.

Im Kapitel «positives Denken» habe ich erwähnt, dass man eine positive Weltansicht lernen kann. So sollte man also versuchen, eine möglichst breite Strasse ins Schneefeld zu legen, die sich aufbaut auf einer positiven persönlichen Sichtweise. Damit hat man dann einen grossen Schritt in Richtung Zufriedenheit getan.

Freiheit und freie Entscheidung

Ich habe am Anfang des Buches erwähnt, dass sich der Mensch immer und in jedem Moment entscheiden muss. Viele Menschen glauben deshalb, frei zu sein. Wenn man sich jedoch die Mühe macht, diese Aussage etwas genauer unter die Lupe zu nehmen, so sieht die menschliche Freiheit doch mehrheitlich eingeschränkt aus.

Schauen wir uns doch einmal einen normalen Arbeitstag an: Beim Erwachen müssen wir kaum lange nachdenken, was nun als nächster Schritt folgt. Man geht ins Bad, wäscht sich und zieht sich danach an. Nun wartet das Frühstück (oder auch nicht, je nach Veranlagung der Person). Danach zeigt die Uhr, dass es Zeit ist arbeiten zu gehen. Am Arbeitsplatz ist die Arbeit mehr oder weniger vorgegeben und wir reagieren hier einfach auf gegebene Vorlagen wie eingegangene Aufträge, Telefonate etc. Gegen Mittag meldet sich unser Magen und verlangt nach Nahrung. Hier sind es unsere Triebe, die uns steuern. Dabei sagen uns unsere Gelüste, was wir essen sollen. Nach dem Essen geht die Arbeit wieder weiter. Nach der Arbeit geht es nach Hause. Das Auto oder das Velo steht bereit. Vielleicht müssen wir noch Benzin tanken. Klar könnten wir uns dafür entscheiden, dies zu unterlassen. Aber kaum jemand wird wohl diese Entscheidung fällen, da die Folgen wohl eher unangenehm sein würden.

Unterdessen ist es Abend geworden. Wiederum meldet sich der Hunger. Danach,… endlich haben wir jetzt die Freiheit zu wählen, was wir tun wollen: „Einen Spaziergang planen, Freunde treffen, ein Spiel machen oder das Fitnessstudio besuchen. Möglicherweise meldet sich aber der müde Körper und meint, dass TV schauen doch das Beste sei. Vielleicht melden sich später nochmals die Triebe und erwarten noch ein bisschen Sex. Dann ist Schluss und der nächste Tag kann beginnen. Diese Routine brennt sich ins Gehirn ein und wird von uns kaum mehr richtig realisiert. Es gehört einfach zum Alltag.

Du wirst vielleicht sagen, aber ich kann doch vieles selber entscheiden. Trotzdem sind „wahre" Entscheidungen eher selten. Suche bei dir doch einmal die „echten" Entscheidungen an einem Tag! Wir passen uns meist einfach den Situationen an. Bei kleinen Dingen können wir noch wählen: Ich möchte dieses Kleid anziehen oder dieses Essen zu mir nehmen. Allerdings ist auch dies wohl meist von der aktuellen Stimmung abhängig und weniger eine echte Entscheidung.

Natürlich habe ich ein bisschen übertrieben. Aber die Umwelt (Erwartungshaltungen, Gesetze und Finanzen etc.) bestimmt neben den Trieben und der momentanen Gefühlslage einen grossen Teil unseres Lebens. Wir stellen uns kaum die Fragen: „Soll ich die Steuern oder die Hausmiete dieses Mal bezahlen oder soll ich jetzt auf die Toilette gehen oder nicht". Oder: „Heute ist das Wetter so schön, soll ich statt arbeiten eine schöne Wanderung machen?" Für die meisten Menschen gehören diese Einschränkungen der Entscheidungsfreiheit zum Leben und sie sind zufrieden mit dieser Situation.

Für mich ist es ein Lebensziel, eigene Entscheidungen und Freiheiten zu finden und umzusetzen. Das heisst auch versuchen, „Träume" und Ideen umzusetzen, und sind diese auch noch so verrückt. Meine grösste Freiheit erlebte ich auf dem Jakobsweg. Hier sind menschliche Zwänge eingeschränkt und man kann im hier und jetzt leben. Man kann einen grossen Teil des Tages seinen Gedanken und Fantasien freien Lauf lassen. Diese Freiheit hat mich sehr beeindruckt. Jeder Tag beginnt wieder neu, ohne angefangene Arbeiten und Verpflichtungen etc. Hier kommt man sich selber und der Natur näher.

Nirgendwo fühlte ich mich freier und dem Universum und Gott näher als mutterseelenallein in der Meseta Spaniens, wo ich über lange Strecken nur Himmel, Horizont und (abgemähte) Getreidefelder durchwanderte.

In unserer dreidimensionalen Welt gilt ja das Gesetz von Ursache und Wirkung. Nehmen wir dazu als Beispiel eine Kugel. Wir geben dieser Kugel in der Stube einen Stoss. Sie prallt gegen die Wand, berührt ein Stuhlbein und wenn die Türe offen ist, hüpft sie vielleicht noch die Treppe hinunter. Wenn wir nun alle Daten der Stube, der Treppe und der

Kugel hätten, könnten wir den genauen Weg der Kugel vorausberechnen.

Was in der materiellen Welt Gültigkeit hat, scheint mir auch in der „geistigen" Welt oder allgemein im Leben eines Menschen zu gelten.

Wenn zum Bespiel die Energiereserven des Körpers verbraucht sind, bekommt ein Mensch Hunger und muss versuchen, etwas zu essen. Wenn ein Mensch etwas sieht oder erlebt, verbinden sich automatisch Gedanken dazu. Jeder Gedanke hat auch wiederum einen Nachfolgegedanken, der aus diesem hervorgeht. Und die Summe all dieser Gedanken prägen dann sein Wesen. Damit bleiben eigene Entscheidungen doch eher Mangelware. Oder gibt es möglicherweise gar keine freien Entscheidungen?

Allerdings, und hier wiederhole ich mich ein weiteres Mal: Wir können **lernen**, ob wir eine negative oder eine positive Sichtweise von Menschen, Erlebnissen und Dingen haben wollen. So sind wir letztendlich doch zu einem grossen Teil unseres Glückes Schmied.

Das Alter

In den jungen Jahren (von der Geburt bis zum Erwachsenenalter) wird der Körper des Menschen aufgebaut und es wird ihm viel Energie zugeführt. Mit anderen Worten gesagt: Er wächst und wird fähig, Höchstleistungen zu erbringen. Dieser Prozess kehrt sich mit grob 30 Jahren um. Ab hier beginnt ein zuerst langsamer Abbau des Körpers, der sich mit zunehmendem Alter beschleunigt. Es scheint, dass die „Natur" nur so lange Interesse am Menschen zeigt, bis dessen Fortpflanzung gesichert ist. Das Gleiche kann auch im Tierreich und auch im Pflanzenreich beobachtet werden.

Aus diesem Grund gibt es in unserem Leben kaum etwas, das so sicher ist wie das Altern. Der Körper wird nicht mehr richtig erneuert, es kommt zu Abbau und es entstehen Krankheiten. Der Tod setzt diesem Abbau dann ein Ende.

Natürlich verläuft dies, auf Grund der Vererbung und des Menschen Vorgeschichte, nicht bei jedem Menschen gleich. Einer altert schneller, ein anderer langsamer.

Müssen wir dem also tatenlos zusehen? Eine

gewisse Akzeptanz ist sicher richtig. Unsere „Plattform" mit siebzig ist nicht mehr die gleiche wie mit zwanzig Jahren und wir können das Rad der Zeit wohl nicht mehr zurückdrehen.

Es geht auch nicht darum, wie zwanzig erscheinen zu wollen und die Muskeln müssen auch nicht mehr am Badestrand vordemonstriert werden. Im Verlauf des Lebens geht es in erster Linie darum, die Lebensqualität möglichst lange zu erhalten oder zumindest die Abwärtsentwicklung etwas zu bremsen.

Dabei ist es eine allgemein anerkannte Tatsache, dass alles im Körper eines Menschen, das nicht mehr gebraucht wird, sich abbaut, seien das Muskeln, Knochen oder das Gehirn. Trotzdem scheint es vielen Menschen gleichgültig zu sein. Andere Zeitgenossen wollen es nicht glauben oder sie können sich ganz einfach nicht aufraffen, etwas dagegen zu unternehmen.

Es stellt sich nun die Frage, was denn alles abgebaut wird und wir wieder mehr brauchen sollten. Wie eigentlich allen bekannt ist, sind Bewegung und Sport sehr wichtig zur Erhaltung einer guten Muskulatur, was auch

Rücken- und Gelenkschmerzen verhindern oder wenigstens lindern kann.

Wenn man einem in die Jahre gekommenen Menschen zusieht, sticht einem vor allem eines ins Auge: Er bewegt sich in der Regel langsam und monoton. Im Vergleich dazu bewegen sich Kinder eher ruckartig und wechseln oft die Geschwindigkeit der Bewegung. Alte Menschen gehen bei der Fortbewegung oftmals den Weg des geringsten Widerstandes und bewegen sich eben langsam und gemütlich vorwärts. Dies wird durch bestehende Schmerzen noch verschärft und so sitzt man eben lieber möglichst schnell wieder in den bequemen Sessel. Und genau dies beschleunigt wiederum den Abbauprozess, ein richtiger Teufelskreis. Zwar sagen viele: Ja ich weiss schon, ich sollte mehr tun. Trotzdem bleibt es bei den gutgemeinten Worten.

Auf Grund der Regel, dass alles abgebaut wird, was nicht gebraucht wird, sollte sich auch eine ältere Person, möglichst früh (so lange die Schmerzen noch erträglich sind), diesem Nachgeben entgegenstellen. Gerade schnelle Bewegungen (wie beim Tanzen, Fangis oder Fussball mit Grosskindern spie-

len, Trampolin springen, einmal ein Wiesen-
bord hinunterhüpfen, auf oder über einen
grossen Stein hüpfen etc.) haben eine sehr
positive Wirkung. Dies sind nur einige von
vielen Möglichkeiten. Allerdings tut man besser daran, nicht erst mit 80 damit zu beginnen, wenn einem schon alles weh tut, so wie
es wohl auch fast unmöglich ist, in hohem
Alter noch Skifahren zu lernen.

Im Zumbakurs, den ich im Moment besuche
- und ich mit Abstand der Schlechteste bin
(total unbegabt) - macht auch eine 84-jährige
Frau mit. Als ich mit ihr sprach und ihr meine
Bewunderung für ihr Können ausdrückte,
erklärte sie mir, dass sie schon in jungen Jahren getanzt habe und nie aufgehört habe,
dies zu tun.

Natürlich wird so eine Fitness nicht jeder
Mensch schaffen, auch wenn er sich bewegt.
Trotzdem bin ich mir sicher, dass vor allem
schnelle Bewegungen wichtig sind und man
diese suchen sollte, selbst wenn man leichte
Schmerzen dabei verspürt!

Nun, irgendwann wird es nicht mehr gehen,
aber dann kann man wenigstens sagen, dass
man es versucht hat und damit vielleicht ein

paar „bewegliche" Jahre gewonnen hat. Aber man muss, wie man so schön sagt, manchmal den inneren Schweinehund überwinden. Und dies braucht natürlich Energie.

Ein wichtiger Punkt dabei ist auch der Umstand, dass man einige Dinge, welche man immer gemacht hat (wie Skifahren, Schlittschuhfahren, Velofahren etc.) aus Altersgründen aufgibt. Natürlich ist irgendwann Schluss damit. Allerdings geben viele zu früh auf. Und was man einmal aufgegeben hat, hat man meist endgültig verloren.

Nebst der Bewegung sind für das tägliche Leben auch das Gleichgewicht und die Koordination der Extremitäten enorm wichtig, was gerade auch beim Fahrradfahren und Skifahren benötigt und geübt wird. In diesen Bereich gehört auch das Trampolinspringen oder das Balancieren auf einem Brett, das auf einer Rolle liegt oder das Jonglieren mit Bällen. Es kann auch einmal ein Randstein sein, auf dem man geht (Kinder machen dies sehr gerne) oder man bewegt sich bei einem Waldspaziergang auf einem gefällten Baumstamm. Dabei kommt mir das Bibelwort in den Sinn: „Werdet wie die Kinder..." All diese erwähnten Aktivitäten sind eng mit dem Gehirn verbunden und deshalb wichtig und machen erst noch Spass. Unwichtig ist dabei die Möglichkeit, dass man bei solchen etwas speziellen Aktivitäten von anderen „Plattformen" aus als nachpubertärer Kindskopf betrachtet wird. Aber die Angst davor, so etwas zu erfahren, müsste man im Alter eigentlich hinter sich gelassen haben.

 Hie und da sollte man durch Bewegung den Puls in die Höhe treiben und so richtig schwitzen. Damit merkt der Körper, dass der Motor noch gebraucht und damit erhalten werden muss. Das Schwitzen hilft darüber hinaus, Giftstoffe aus dem Körper auszuschwemmen.

 Das Gleiche, was oben dran vom Körper gesagt wurde, gilt natürlich in gleicher Weise für das Gehirn. Auch hier findet ohne regen Gebrauch ein schnellerer Abbau statt. Natürlich kann man dem auch hier entgegenwirken durch Lesen, Kreuzworträtsel lösen, ein Buch schreiben, Memory spielen, jassen, eine neue Sprache lernen etc. Für diesen Bereich gibt es viele Möglichkeiten, die ja jedem bekannt sind und ich deshalb nicht weiter darauf eingehen muss.

Nun aber noch etwas zu all jenen Menschen, welche keinen Sport (mehr) treiben können aus welchen Gründen auch immer (Schmerzen, Übergewicht, Krankheiten etc.) und somit auf einer andern „Plattform" stehen. Diese werden von Bewegung nicht viel halten und eigene Strategien entwickeln (müssen), um das Leben lebenswert zu erhalten. Und solche Möglichkeiten gibt es immer und sind individuell. Wichtig ist auf jeden Fall etwas zu tun, das einem Freude bereitet. Denn Begeisterung für etwas tut dem Menschen sehr gut und trägt viel zur Zufriedenheit bei.

Gesellschaftsstrukturen

Da Menschen auf verschiedenen „Plattformen" stehen, machen sie leider immer den Vergleich mit anderen Menschen. Hier schneiden sie aus ihrer Sicht einmal „besser", einmal „schlechter" ab. Glaubt man im Vergleich gut abzuschneiden, besteht sofort die Gefahr, dass man sich besser und stärker fühlt als die „Unterlegenen". Und dies lässt ein Machtgefühl über andere entstehen. Andererseits versuchen „Verlierer", diesem

Machtanspruch entgegenzuwirken oder mindestens auszugleichen. Doch der Vergleichspartner möchte seinen Platz ja auch nicht kampflos räumen. So führt dies dann natürlich zu Konflikten.

In jeder Gemeinschaft entsteht unweigerlich eine Rangordnung. Diese wird bestimmt durch Intelligenz, Schulbildung, Wissen, Beruf, Besitz, Redegewandtheit, Auftreten, Aussehen und Kraft einer Person. Obwohl alle diese Faktoren keinen Grund für Überlegenheitsgefühle darstellen sollten, werden sie doch so empfunden und gelebt, da die Gesellschaft diese Werte als erstrebenswert erachtet.

Wo einige Menschen zusammenleben, entsteht automatisch eine solche Hackordnung. Diese Hierarchien sind lose und können sich hie und da verändern. Doch es gibt auch Gesellschaften oder Länder, wo solche entstandenen Hierarchien in Gesetzen aufgeschrieben und festgelegt wurden (z.B. Kasten in Indien).

Bei uns gibt es auch solche Kasten, die aber nicht so gesehen oder weniger fixiert werden. So hat zum Beispiel jede grössere Firma einen Chef. Danach kommen Unterchefs bis wir schliesslich beim Putzpersonal angekommen sind (dabei kann man anhand der Lohntabelle den aktuellen Standort einer Person feststellen). Damit möchte ich aber nie und nimmer etwas gegen das Putzpersonal sagen. Jeder Beruf, der mit Einsatz für die Allgemeinheit ausgeführt wird, ist natürlich gleichwertig!!! Damit sind grosse Lohndifferenzen auch sehr fragwürdig!

Solche „Kasten" finden wir auch auf dem politischen Parkett, in der Sport- oder auch in der Berufswelt allgemein. Und da Menschen mit Macht in unserer Gesellschaft angesehen sind, werden solche Machtansprüche angestrebt. Leider sind solche Leute an der Spitze einer Hierarchie, für die Macht so erstrebenswert ist, leider oft genau die falschen Leute. Menschen, die andere Wertvorstellungen haben, wären oft die besseren „Chefs". Aber diese nehmen die damit verbundenen Strapazen weniger gern in Angriff, da bei ihnen andere Ziele im Vordergrund stehen.

Der Weg, aus diesem Teufelskreis der Macht auszubrechen besteht darin, dass man sich immer wieder bewusst wird, dass Menschen nicht auf höheren, sondern eben nur auf andern „Plattformen" stehen. Wer dies einmal verstanden hat, mischt sich in diese Machtk(r)ämpfe nicht mehr ein.

Eine Gemeinschaft entsteht, sobald viele Menschen in einem Gebiet (Dorf, Stadt, Land, Erde etc.) zusammenleben. Diese hat viele Vorteile. Man kann sich gegenseitig unterstützen, kann zusammen feiern, Freunde finden und einander Wissen weitergeben. So muss auch nicht jeder selbst alle Dinge für das tägliche Leben herstellen (Nahrungsmittel, Computer, Tische etc.).

Dummerweise steht aber jeder Mensch auf einer andern „Plattform" und sieht die Dinge aus seiner Sicht. Dazu kommt, dass der Egoismus des Menschen (= Schutz und Verteidigung seiner „Plattform") Probleme entstehen lassen kann. Jeder hat eben eigene Vorstellungen davon, was gut und was schlecht ist. Wenn jeder in einer Gemeinschaft so leben würde, wie er es für richtig hält, wäre eine Gesellschaft nicht lebensfähig. Man würde sich gegenseitig weh tun und die meisten würden darunter leiden. Deshalb

merkte man bald, dass es beim Zusammenleben von Menschen einfach gewisse Regeln
und Gesetze geben muss, um das Wohl möglichst vieler (aller?) Menschen einigermassen
zu gewährleisten. Diese stellen natürlich immer einen gewissen Kompromiss dar. Deshalb werden solche Regeln für die Menschen
je nach „Plattform" auch als besser oder
schlechter empfunden.

 Nehmen wir dabei als Beispiel den Strassenverkehr. Wenn jeder so fahren würde, wie er
es von seiner „Plattform" aus sieht, hätten
wir auf der Strasse ein regelrechtes Chaos. So
wurden Gesetze erlassen. Ausserdem
braucht es natürlich auch noch jemanden,
der diese überwacht und durchsetzt. Diese
Aufgaben werden von „Regierungen" der
verschiedenen Dörfer, Staaten und Staaten-
bünden dann umgesetzt.

 Ganz wichtig für ein menschenwürdiges Da-
sein aller Menschen sind nun soziale Strukturen. Wenn jeder hier nur für sich schauen
würde (Egoismus), würde die Schere zwischen arm und reich noch weiter aufgehen.
Da nicht alle in einer reichen Familie (oder in
einem reichen Land) aufwachsen können

(andere „Plattform"), braucht es einfach Regeln und Gesetze, um einen gewissen Ausgleich (auch unter den Weltbürgern) zu schaffen.

Dabei sind öffentliche Schulen für alle sehr wichtig. Privatschulen werden immer die Begüterten bevorzugen, da sich weniger gut Verdienende solche Privatschulen nicht leisten können.

Im Zentrum einer Gesellschaft sollten vor allem diejenigen Menschen stehen, die „nicht auf Rosen gebettet" sind, sei dies gesundheitlich oder finanziell. Je besser die „Schwachen" in einem System eingegliedert sind, desto besser ist wohl auch das ganze System.

Wie ich schon erwähnt habe, kann einfach nicht jeder Mensch gleich viel „leisten". So sollte es auch selbstverständlich sein, den „Schwächeren" unsere Unterstützung für ein menschenwürdiges Leben zukommen zu lassen. Doch gerade in letzter Zeit gibt es Strömungen, welche dabei sparen wollen. Eigentlich sollten Bürger (auch Politiker) mit solchen Einstellungen einmal für zwei Jahre die „Plattform" mit diesen tauschen müssen. Ich glaube, dass dabei die Sichtweise danach wohl etwas differenzierter ausfallen würde. Trotzdem ist es sicher legitim, zu prüfen, ob Unterstützung missbraucht wurde und ein Vergehen sollte auch bestraft werden.

Auch die Lebensqualität im Alter sollte erhalten werden. Früher wurden die alternden Eltern von den Kindern bis zu ihrem Lebensende betreut. Heute ist dies kaum mehr möglich, da bei der jungen Familie oft beide arbeiten gehen und ausserdem der Platz in der Wohnung fehlt.

Deshalb braucht es eine staatliche Altersvorsorge. Jeder Bürger soll davon leben können, und zwar unabhängig von seiner geleisteten Arbeit. Das Problem dabei ist, dass dies eine Menge Geld verschlingt. So zweifeln heute viele daran, dass eine Altersversicherung längerfristig finanzierbar sei. Allerdings wurden solche Bedenken auch schon bei der Einführung der Altersvorsorge geäussert.

Gerade junge Leute haben schon fast den Glauben daran verloren, dass sie später im Alter auch etwas erhalten würden. Diese Angst teile ich nicht. Geld wird immer vorhanden sein. Doch natürlich ist alles eine Sache der Prioritäten. Sollen wir mehr Geld für die Armee oder mehr Geld für soziale Bedürfnisse verwenden? Statt Armee kann dies natürlich auch der Strassenbau etc. sein.

Daneben gibt es mit Sicherheit weitere Finanzierungsmöglichkeiten, sofern man Interesse daran hat, die sozialen Strukturen zu erhalten. Es kommt einfach darauf an, wo man die Prioritäten setzt.

Ähnliche Probleme wie in der Altersvorsorge zeigen sich je länger je mehr auch in Krankenversicherungen, wo das Solidaritätsprinzip immer mehr ins Wanken kommt - gesunde Menschen sollen weniger bezahlen als kränkliche etc. Etwa nach dem Motto: Jeder soll nicht mehr bezahlen als was er braucht. Aber dies ist eben nicht der Sinn einer sozialen Versicherung.

Wer gesund sein darf, sollte eigentlich gerne für andere, denen es etwas weniger gut geht, auch etwas bezahlen!

Wirtschaft und Fortschritt

Wenn wir unser heutiges Wirtschaftssystem etwas genauer unter die Lupe nehmen, stellen wir schnell fest, dass es vor allem um eines geht: Ums Geld! Es muss möglichst viel Gewinn herausschauen. Dabei spielt es oft eine untergeordnete Rolle, ob ein Produkt umweltverträglich und zum Wohle des Menschen fabriziert wird. Einzig durch kritische Medien wird dieser Trend zum Glück etwas abgeschwächt, da schlechte Kritiken ja nicht gerade die beste Werbung für ein Produkt sind.

Und da es vor allem um Gewinnmaximierung geht, ist es natürlich auch klar, dass man billig produzieren will (muss). Damit ist man dann konkurrenzfähig gegenüber anderen Firmen. Und da das Firmenbudget in Ländern mit guten Löhnen durch die zu bezahlenden Mitarbeiter stark belastet wird und man dadurch weniger Gewinne einstreichen kann, werden einige Firmen ins Ausland verschoben (billigere Arbeitskräfte) oder wenigstens wird damit gedroht.

Dabei bin ich mir nicht sicher, ob diese Firmen damit nicht einen sichern Standort aus der Hand geben und dies in ein paar Jahren bereuen könnten, wenn am neuen Standort die Löhne plötzlich auch ansteigen, was durchaus realistisch und natürlich auch wünschenswert wäre.

Wir als Konsumenten stehen leider auch nicht besser da, denn wie viele gehen einfach ins nahe Ausland, um möglichst billige Ware zu ergattern. Und wer bezahlt schon gerne mehr, wenn etwas billig zu haben ist.

Allerdings ist dies eine falsche und unsoziale Entwicklung. Denn unser Wohlstand beruht zum Teil auch gerade von der Ausbeutung dieser noch „billigen" Länder, indem wir ihnen ihre Bodenschätze (wie auch Früchte etc.) für ein Taschengeld abkaufen.

Aber eben, es zeigt sich klar, wo im Moment die Prioritäten liegen. Die Grundidee ist sozusagen überall die Gleiche: Man muss besser, billiger, fortschrittlicher und schneller sein als alle andern. So entsteht ein dauernder Konkurrenzkampf. Leider können dabei jeweils nur wenige gewinnen, und dies geht natürlich auf Kosten der andern, der Verlierer.

Wenn wir Menschen miteinander so im täglichen Leben umgehen würden, würden wir dies als Schande bezeichnen. Aber was beim Menschen als Egoismus bezeichnet wird, heisst in der Wirtschaft gesunder Konkurrenzkampf.

In diesem „Spiel" sind am Ende leider oft die Arbeitnehmer die Verlierer, die jeder Zeit ersetzt werden können und leider selten in wichtige Entscheidungen miteinbezogen werden. Wenn der Gewinn schrumpft, werden einfach Mitarbeiter entlassen oder dazu gebracht, auf Lohnanteile zu verzichten oder länger zu arbeiten. Dass dies so ist, zeigt auch die Lohnschere, die immer weiter aufgeht. Die „Oberen" verdienen immer mehr, während andere kaum genug zum Leben haben.

Natürlich geht es der „Unterschicht" in der Schweiz wie auch in Deutschland noch vergleichsweise gut, da beides reiche Länder sind, aus welchen Gründen auch immer (?)

Dem Volk wird immer wieder eingetrichtert, wie wichtig es sei, dass es der "Oberschicht" gut geht. Dann ginge es nämlich auch der „Unterschicht" gut – tolle Ansicht!? Wie wäre es deshalb mit einer Spendenaktion für die Reichen?

So kommen nur selten Abstimmungen durch, die einen gewissen Ausgleich des Einkommens anstreben. In solchen Abstimmungen wird dann davor gewarnt, dass, wenn man das Einkommen der Oberschicht dezimiert, Arbeitsplätze verloren gehen würden. Und wer möchte schon seinen Arbeitsplatz deswegen verlieren. Ängste schüren sind und waren schon immer die besten Wahlhilfen.

An dieser Stelle möchte ich betonen, dass es absolut nicht darum geht, Reiche zu beneiden oder gar zu bekämpfen. Ich bin mit meinem „Einkommen" mehr als zufrieden und die meisten, nehme ich einmal an, sind wohl auch nicht unzufrieden damit. Aber die Schere zwischen arm und reich ist einfach zu weit auseinandergegangen und entspricht nicht mehr der Vernunft. So wird das Einkommen oft nicht mehr zurück in die Wirtschaft gepumpt (z.B. Forschung oder neue Arbeitsplätze), sondern so angelegt (Aktien, Immobilien oder andere Anlagemöglichkeiten), dass der Kuchen noch grösser wird.

Mit meiner Ansicht vertrete ich aber nicht irgendeinen Kommunismus, wo alle gleich viel verdienen sollen. Selbstverständlich sollen gewisse Berufsgruppen, die ein besonderes Risiko zu tragen haben oder die einen besonders verantwortungsvollen Beruf ausüben, etwas besser verdienen. Auch die lange Ausbildungzeit gewisser Berufe sowie die täglich geleistete Arbeitszeit sollen natürlich in die zu erwartende Höhe des Lohnes einfliessen. Allerdings, und da könnte ich mich auf eine „Zahl" festlegen, dürfte dieser Lohn das Durchschnittseinkommen der „Unterschicht" nicht um mehr als das Zwanzigfache übersteigen, denn keines Menschen Arbeit ist zwanzigmal besser oder strenger als die Arbeit eines Durchschnittsverdieners der „Unterschicht". Die weitaus meisten Menschen versuchen, ihren Job so gut als möglich zu machen, ob als Bankdirektor, als Strassenkehrer oder als Lehrer etc.

Schon oft hörte ich von Leuten die Argumentation, dass ohne solche riesigen Löhne keine guten Manager gefunden oder gehalten werden könnten, da diese zu einer andern Firma wechseln würden, wo besser bezahlt würde. Aber was sind denn gute Manager? Es gilt doch die Formel: Je besser in der Firma der erarbeitete Gewinn, desto besser der Manager. Ob der Gewinn zu Lasten der Mitarbeiter geht durch Stress oder was auch immer, hat kaum Bedeutung. So bin ich auch sicher, dass „gute" Manager problemlos ersetzt werden können. Und wenn alle Firmen

in der Lohnfrage an Regeln gebunden würden, wäre dies ohnehin kein Problem mehr.

Ich habe auch keine Bedenken, dass Manager den Job mit „so wenig Lohn" nicht mehr
ausüben würden. Es ist kaum anzunehmen,
dass ein Manager deswegen z.B. zum Maurer
oder Lehrer konvertieren würde.

Vergleichbar ist eine Firma mit einer Fuss-
ballmannschaft. Es braucht sicher einen guten Trainer, daneben bestimmt aber in erster
Linie die Qualität der Spieler (im übertrage-
nen Sinn die Mitarbeiter einer Firma) über
Erfolg oder Misserfolg. Es muss auch gesagt
werden, dass Manager diesen Job nicht nur
wegen des Geldes machen (hoffe ich einmal),
sondern auch wegen der Macht und dem
Ansehen, die man sich in diesem Beruf erar-
beiten kann, und auf Grund ihrer Fähigkeiten
für diesen Job.

Würde das Einkommen besser verteilt, hätte
dies sicher auch einen positiven Einfluss auf
die Wirtschaft. Denn die „Mittel- und Unterschicht" würde mit Garantie die Mehrein-
nahmen, die sie durch eine teilweise Umver-
teilung erhalten würden nicht nur auf die
Bank tragen, sondern sich mehr leisten und

damit den Konsum anregen, viel mehr als die obersten Zehntausend dies im Moment tun. Vielleicht würden dann ein paar Yachten weniger verkauft und die Luxusuhrenhersteller könnten auch etwas weniger verdienen, dafür würde der tägliche Konsum, woran die meisten mit ihrer Arbeit beteiligt sind, sicher davon profitieren.

Es ist klar, dass die „Oberschicht" ihre Überbezahlung kaum selbst regulieren wird ohne den Druck der Öffentlichkeit oder diesbezüglichen Gesetzen. Dies würden Menschen der „Unterschicht" an ihrer Stelle auch nicht tun.

Nun hörte ich auch schon oft die Meinung, dass der Staat sich aus der Wirtschaft wie auch aus den Besoldungsfragen möglichst heraushalten solle, da man sonst damit die Wirtschaft schwächen würde. Gesetze müssten da möglichst vermieden werden. Dies scheint mir aber doch sonderbar. Wir wenden Gesetze an im Strassenverkehr, im Festlegen der Steuern, in der Strafverfolgung etc. Dies geschieht wohl zu Recht, denn ohne Gesetze macht der Mensch meist nur das, was für ihn persönlich gut ist (Sicht von der eigenen „Plattform" aus). Es braucht für eine funktionierende Gesellschaft einfach gewisse Regeln, um das „Wohl" möglichst aller zu gewährleisten. Und in der Wirtschaft und der Besoldung sollen nun Ausnahmen gemacht werden? Stehen die Manager im Gegensatz zu „normalen" Bürgern über ihrem Egoismus und haben eine besondere soziale Ader? Ein Schweizer Bundesrat vertrat einmal die Auffassung, dass die Manager selber merken würden, wenn sie etwas zu viel verdienen und sich das sicher einpendeln werde – welch Gottvertrauen!

Mir hat einmal ein Bankdirektor einer bedeutenden Privatbank während einer Diskussion verraten, dass er meine Ansicht zwar teile, aber dass er natürlich nicht selbst seinen Lohn beschneiden würde. Diese seine Ansicht kann ich durchaus nachvollziehen und wohl fast jeder würde wohl die ähnliche Meinung vertreten, ob aus der Ober- oder Unterschicht. Aber da Menschen aus der Oberschicht auch nur Menschen sind, gerade deswegen braucht es Gesetze, auch in Bezug auf Lohnhöhen.

Das Problem zwischen arm und reich verstärkt sich leider mit der Tatsache, dass es mit viel Vermögen leichter ist, das Vermögen zu vergrössern, da man damit viel mehr Anlagemöglichkeiten hat. Auch kleine Rückschläge können besser abgefedert werden, wo ein Kleinanleger bei Verlusten schnell am Ende ist. Um das Horten des Geldes zu vermindern, gäbe es Möglichkeiten.

Zinsen sind dabei ein grosses Problem in unserem Wirtschaftssystem. Je mehr Kapital man besitzt, desto schneller vergrössert es sich. Aus diesem Grund machte es Sinn, die Zinsen abzuschaffen und im schlimmsten Fall gar mit Negativzinsen zu „bestrafen". So hätte jeder Gutverdiener Interesse daran, sein Geld wieder auszugeben, heisst in den Umlauf zu bringen. In Firmen hiesse dies wieder zu investieren.

Im Moment sind die Zinsen stark gefallen und tendieren gegen 0 Prozent. Damit wäre diese Lösung schon beinahe eingetroffen. Allerdings gibt es, wie ich es schon angedeutet habe, für Gutbetuchte weitere Anlagemöglichkeiten wie Aktien etc. So sollten auch Gesetze erlassen werden wie z.B. eine Gewinnsteuer auf Aktien, was nicht mehr als gerecht wäre. Klar wird dann argumentiert, dass man die Verluste ja auch nicht abziehen könne. Nun, darum geht es ja gar nicht. Es geht darum, dass grosse Vermögen immer grösser werden. Machen die Leute an der Börse Verluste, müssten sie dann ja auch weniger Gewinnsteuern bezahlen. Des Weiteren gäbe es sinnvollere Anlagemöglichkeiten.

Kommen wir zu einem anderen Problembereich in der Wirtschaft. Durch die zunehmende Automatisierung in fast allen Lebensbereichen fehlen mehr und mehr Arbeitsplätze. Insbesondere „einfache" Arbeitsplätze gehen verloren und es kommt zu Arbeitslosigkeit, die vor allem jene trifft, die aus irgendeinem Grund (hohes Alter, Krankheit oder beschränktes Arbeitsvermögen etc.) nach Meinung der Firma zu wenig leisten.

Stress und Arbeitszeit

Durch die grösseren Anforderungen der Arbeitswelt gibt es immer mehr Menschen, die den heutigen Anforderungen nicht mehr gewachsen sind. Damit einher gehen Schlafprobleme und Nervosität, die schliesslich zu einem sogenannten Burnout führen können.

Dabei kosten diese „Fälle" sehr viel Geld für Krankenkassen und die Allgemeinheit. Also wäre es besser, die Ursache des Stresses in den Griff zu bekommen.

Einige betonen: Früher wurde länger und härter gearbeitet als heute und die hatten noch kein Burnout, die Menschen seien heute einfach verweichlicht. Aber dies ist eine zu einfache Auslegung.

Früher lief alles unter weniger Zeitdruck ab (Zeitknappheit ist ein bedeutender, wenn nicht gar der bedeutendste Stressfaktor) und damit unter weniger Stress. Heute werden in vielen Bereichen immer weniger Arbeitskräfte gebraucht, da die Automatisierung Arbeiten übernehmen kann. Und gerade Menschen, deren Grundfähigkeiten (für die heutige Wirtschaftsentwicklung) sich in Grenzen halten, sind von diesem Umstand besonders betroffen. Wir müssen die neue Technik nicht zurückdrehen, aber wir müssen unser Wirtschaftssystem den neuen Gegebenheiten anpassen.

Ein weiterer Teil dieses Stresses entsteht dadurch, dass jede Firma schneller und billiger produzieren will, damit man besser dasteht als die Konkurrenz. Damit ist auch wieder die Forschung unter Druck. Man muss so schnell als möglich neue Techniken und Innovationen bereitstellen, damit man die Konkurrenz alt aussehen lassen kann – oder man frisst (kauft) den Konkurrenten gleich auf. So dreht sich das Rad der Entwicklung immer schneller.

Damit geht der Druck natürlich auch weiter nach unten in die Schulstuben, damit die kommenden Arbeiter den neuen Anforderungen wieder gewachsen sind. Einerseits kommt das dem Menschen zu Gute (z.B. in der Medizin, obwohl auch hier die Frage erlaubt ist: Gibt es heute wirklich weniger Kranke als früher?), andererseits müssen wir uns ernsthaft fragen, ob uns dieser Fortschritt unser Leben auch zufriedener und glücklicher gemacht hat.

Und wäre das wirklich so schlimm, wenn der Fortschritt in Wissenschaft und Forschung etwas langsamer vorankäme, was heissen könnte, dass wir für den gleichen Fortschritt 40 statt 10 Jahre bräuchten. Jedenfalls ist es kaum so, dass die Zufriedenheit des Menschen proportional zum Fortschritt zunimmt.

Dieses Fortschrittstempo abzubremsen ist aber gar nicht so einfach, da es sich in unseren Köpfen eingebrannt hat und als völlig normal angesehen wird. Eine Änderung könnte nur stattfinden, wenn der Mensch einsehen würde, dass nicht Geld und Erfolg und möglichst viel Besitz die Hauptleitlinien des Lebens sind.

Dieser Fortschrittswahnsinn verlangt daneben auch seinen Preis. Unsere Umwelt wird so rasend schnell ausgebeutet, als ob die Welt nur noch wenige Jahre existierte. Durch die rasche Entwicklung in Wirtschaft und Forschung will der Mensch (soweit verständlich) natürlich immer das Neuste haben und auf dem neusten Stand sein. Dies hat zur Folge, dass auch der Abfallberg ins Unermessliche steigt, da die veralteten Dinge dann auf dem Müll landen. Da werden beispielsweise bei uns Küchen ersetzt, die in armen Ländern teilweise noch Wunschdenken sind.

Nun, wie könnte ein neues System aussehen? Als erstes müssten wir wohl die vorhandene Arbeit unter den Menschen besser aufteilen. Damit würde auch die persönliche tägliche Arbeitszeit reduziert, obwohl die

Tendenz im Moment gerade umgekehrt verläuft und der Mensch für den gleichen Lohn immer mehr arbeiten soll.

Früher oder später werden wir wohl nicht darum herumkommen, den bedingungslosen Grundlohn einzuführen, so dass jeder Bürger damit überleben kann. Und dies, ob der Mensch Arbeit hat oder nicht. Wer arbeitet, erhält dann einen zusätzlichen Bonus. Immer wieder wird argumentiert, dass dann niemand mehr arbeiten wird. Diese Meinung teile ich nicht.

Anfangs könnte es durchaus sein, dass sich einige aus dem Arbeitsleben zurückziehen würden, um das mögliche neue, freie Leben zu geniessen, das sie während Jahren unter Stress vermisst hatten. Allerdings würde dies schnell wieder ändern, da Menschen gerne etwas tun. Und für Arbeit sollte es ja auch einen Bonus geben, heisst es gibt mehr als den Grundlohn. Ausserdem muss der Staat (unser Geld) ja heute schon einstehen für Leute, die keine Arbeit haben und damit nichts verdienen.

Vielleicht würden sogar einige Arbeit schaffen mit neuen Ideen, da sie nun ja einen

Grundlohn hätten und sie damit mehr ausprobieren könnten, da ihr Grundeinkommen gesichert wäre. Viele Menschen würden auch weniger unter Stress stehen, da sie sich weniger um ihren Arbeitsplatz und damit ihr Einkommen (Versorgung der Familie) sorgen müssten.

Um genug Arbeitskräfte zu haben, müssten die Firmen dabei in der Arbeitswelt auch wieder Bedingungen schaffen, die ein zufriedenstellendes Arbeiten erlauben. Sogenannte „niedrige" Berufe müsste man nebst dem Grundlohn besser entlöhnen, damit man Leute in dieser „Sparte Arbeit" bekommt.

Aber wie könnte dieser Grundlohn überhaupt finanziert werden? Dies ginge nicht ohne einen Abbau der allzu hohen Löhne. Daneben müssten Computer und Roboter, welche Arbeiten der Menschen übernehmen, besteuert werden. Vielleicht müsste der „Wohlstand" etwas kürzertreten und man müsste wieder lernen, auf gewisse Dinge zu verzichten. Das Smartphone könnte man dann vielleicht auch nicht mehr alle zwei Jahre durch ein Neues ersetzen, was sich natürlich wieder auf den Absatz dieser Geräte auswirken würde. Aber wäre dies wirklich so schlimm?

Wichtig wäre auch, dass in einer Firma die ganze Belegschaft mitreden dürfte bei Firmenentscheiden. Leider sind wir heute so weit, dass Firmen Menschen immer weniger fest, sondern immer häufiger temporär einstellen, wenn gerade viel Arbeit ansteht. Geht diese zurück, werden sie wieder freigestellt. Dies führt zu weiterem Stress und ein Mitarbeiter wird sich so nie mit der Firma identifizieren können, für die er arbeitet. Damit wird er einfach seine Arbeit machen, mehr nicht.

Nun, was hätte so ein Systemwechsel für Folgen? Es könnte durchaus sein, dass wir etwas bescheidener leben müssten, da der Lohn auch etwas tiefer ausfallen würde. Gewinnen würde der Mensch durch weniger Arbeitszeit aber mehr Freizeit zur Erholung und Realisierung eigener Ideen. Dies käme den Firmen durch ausgeruhte und zufriedene Arbeitskräfte wieder entgegen.

Ohne Zweifel geht es uns in Europa gut und das heutige Wirtschaftssystem hat viel Wohlstand gebracht. Allerdings haben wir die „Zitrone" schon ziemlich ausgepresst oder anders ausgedrückt: Vor der Türe stehen wohl die sieben mageren Jahre. Erfreuen wir uns an diesen Erfolgen. Aber wir sollten erkennen, dass es in diesem Tempo nicht weitergehen kann und andere Werte wieder in den Vordergrund gestellt werden sollten.

Die Schule

Ich habe gegen vierzig Jahre lang als Lehrer gewirkt und dabei sehr viel Schönes erlebt. Dabei machte mir die Arbeit mit Kindern grossen Spass. Trotzdem möchte ich mich an dieser Stelle etwas kritisch mit unserem Schulsystem auseinandersetzen. Natürlich muss man auch hier meine Meinung nicht teilen.

 Beinahe jeden Tag hatte ich mich während meiner „Lehrerkarriere" gefragt, wie wohl die perfekte Schule aussehen könnte.

 Da ich als Unterstufenlehrer tätig war, stand der Leselernprozess ganz vorne auf der Traktandenliste. Während meiner „Berufslaufbahn" wurden mehrere neue Leselehrgänge eingeführt. Jedes Mal glaubte man, den besten Leselernprozess gefunden zu haben nach dem gleichen Motto wie in der Wissenschaft: Die Wahrheit von heute ist der Irrtum von Morgen. Bald merkte man nämlich, dass auch beim neuen nicht alles gut war. Nun, es gab ja wieder neue Entwickler, die nun sicher den besten erschaffen werden.

Aber es kann leider keinen perfekten Leselehrgang geben, da in unserer Welt alle Dinge zwei Seiten haben, positive wie auch negative, was mich einige Male fast ver"zwei"feln liess. (siehe dazu auch das Kapitel: Das Problem Dualismus)

Hinzu kommt, dass auch Kinder schon auf eigenen „Plattformen" stehen und es schon aus diesem Grund unmöglich ist, einen perfekten Leselehrgang zu realisieren. Zu allem Unglück steht auch jeder Lehrer noch auf einer anderen Ebene.

So war es für mich klar, dass ich mit einem eigenen Weg für das Lesenlernen arbeiten wollte, der wenigstens für mich und zu meinem Schulstyl passte. Dabei war ich mir aber durchaus bewusst, dass ich auch damit nicht allen Kindern gerecht werden würde. Das eben Gesagte lässt sich leicht transformieren auf weitere schulische Themen- und Fachbereiche.

 Einen Ausweg aus diesem Dilemma zeigte
nun die Pädagogik auf, nämlich individuelles
Lernen. Dies tönt ausgesprochen gut: Jedes
Kind dort abholen, wo es steht und dann jene
Lehrmethode wählen, die zum Kind (und seiner „Plattform") passt. Leider ist auch da
wieder ein Haken dabei. Mit einer Klasse von
zehn Schülern wäre dies vielleicht nachvollziehbar. Ich hatte aber teilweise sechsund-
zwanzig Schüler in gleichzeitig zwei Klassen.
Meiner Meinung nach ist mit diesen Grund-
bedingungen eine klare Individualisierung
(bei den heutigen Schulanforderungen) nur
rudimentär realisierbar oder ich war als Lehrer völlig ungeeignet.

 Bereits ab der Unterstufe wird heutzutage
mit Testmodulen gearbeitet. Dabei müssen
Aufgaben in einer bestimmten vorgegebenen
Zeit gelöst werden. Was bedeutet das für
Kinder mit etwas gemächlicherem Hirncom-
puter? Wo bleibt da die Individualisierung?
Diese Module sollen wohl die Lehrer auch
dazu anhalten, mit den Kindern möglichst
leistungsorientiert zu arbeiten. Man möchte
ja im Vergleich mit anderen Lehrern mit sei-

ner Klasse nicht unbedingt im letzten Viertel der Testtabelle (geeichte Testergebnisse im Kanton oder Land) landen. Dies führt dazu, dass der Lehrer von den Kindern immer mehr fordert. Dabei werden die Tests, entsprechend der durch diesen Druck entstandenen Verbesserung, den besseren Leistungen wieder angeglichen, sprich erhöht. Dies bedeutet noch mehr Stress für Schüler und Lehrer.

So verwundert es nicht, dass es heute bereits Schulabgänger und Lehrlinge gibt, die mit Burnout zu kämpfen haben.

Auch Lehrer müssen an ihre Grenzen gehen. Sie stehen in der Verantwortung bei Schülern, Eltern und Kontrollorganen. Nehmen wir nun einmal an, die Individualisierung wäre machbar, wo bleibt dann diese Individualisierung im Berufsleben. Ein Lehrer zum Beispiel wird heute kontrolliert durch Schulleiter, Schulräte und neuerdings noch teilweise durch gegenseitige Hospitation (wird natürlich nicht als Kontrolle vermarktet, sondern als gegenseitige Hilfeleistung).

Nebst dem immer volleren Lehrplan bleibt kaum mehr viel Zeit und Kraft für eigene Ideen und die Möglichkeit, diese auch auszuprobieren. Dabei wäre gerade dies sehr wichtig. Lehrer sollten aufgefordert werden, wieder mehr zu wagen, auch wenn einmal etwas schief geht. Aber je mehr Kontrolle, desto weniger werden Lehrer etwas wagen. Und dabei liegt gerade in selbst erfahrenen Fehlern das grösste Entwicklungspotential! Bedeutende Schulentwicklungen sind nicht am Reissbrett von Psychologen und studierten Pädagogen entstanden, sondern von Lehrern, die täglich Kinder unterrichteten.

In meiner frühen Zeit als Lehrer war ich einmal voll motiviert, lustige „Kasperlifiguren" herzustellen. Meine gewählte Knetmasse hatte leider etwas dagegen. Den Kindern war es unmöglich, daraus Köpfe herzustellen. Erst einmal bekam mein Kopf eine immer rötere Farbe, bis ich schliesslich entschied, die angefangenen „Kasperlifiguren" im Abfalleimer zu entsorgen. Die nächsten Figuren mit einer anderen Knetmasse führten dann zum Erfolg.

Immer mehr Zeit „fressen" regelmässige Teamsitzungen, schulpsychologische Abklärungen, Elterngespräche und Absprachen mit Teamteachinglehrern. Dies alles verkürzt für den Lehrer die nötige Vorbereitungszeit.

Auch in anderen Berufen bleibt Individualisierung weitgehend ein Wunschtraum.

Immer mehr Schüler sind mit den heutigen
Schulbedingungen nicht mehr kompatibel.
Sie brauchen dringend zusätzliche Unterstützung, um den Anforderungen der Schule gerecht zu werden. Dazu gehören auch schulpsychologische Abklärungen und Sitzungen,
an denen ich mit bis zu zehn Personen teil-
nahm, wobei es nur um einen Schüler ging!
Dabei musste ich mich fragen, ob hier Auf-
wand und Ertrag nicht etwas auf die schiefe
Ebene gelangt sind.

In der Schule muss sehr viel geleistet werden, da die Wirtschaft und Wissenschaft
auch immer schnellere Resultate und Ent-
wicklungserfolge verbuchen will und dazu gut
ausgebildete Angestellte benötigt. Und nur
wer da zuvorderst mitmischt, kann als Land
dann später wirtschaftlich profitieren. So
wurde denn auch die PISA-Studie entwickelt,
um zu sehen, wo man im schulischen Vergleich weltweit steht. Und damit begann ein
weiterer Wettlauf. Jedes Land möchte zuvorderst stehen und ist dies einmal nicht ganz
der Fall, ist das eine Katastrophe und muss

sofort behoben werden. Damit steigt dann wieder der Druck auf die Schule. Dabei spielt es aber absolut keine Rolle, ob die Suizid- oder „Burnoutrate" in den führenden Ländern gleichzeitig auch am höchsten ist. Immerhin habe ich gerade letzte Woche in einer Zeitung gelesen, dass nun auch die Stressbelastung und das Wohlbefinden in die Pisastudie einbezogen werden sollen. Dies ist für mich immerhin ein positiver Ansatz. Allerdings kamen sie dabei zum Schluss, dass „wohl fühlen" in der Schule und Leistung wenig Zusammenhang haben sollen.

Von Zeit zu Zeit werden neue Lehrpläne erarbeitet (ich war selbst einmal Teilnehmer einer solchen Lehrplangruppe). Als ich mit Schule geben begonnen hatte, war der Lehrplan kaum grösser als ein Schulheft. Heute ist es ein riesiger Ordner. Will man sich diesen zu Gemüte führen, sind die Sommerferien schon mal ausgefüllt. Das Problem dabei ist, dass er mit so einem Umfang zu wenig eingesetzt wird, was ja eigentlich das Ziel wäre. Aber ich bin überzeugt, dieser steht wohl oft (meist?) unbehelligt in einem Ordnergestell und wartet darauf in die Papiersammlung zu gelangen, sobald wieder ein neuer Lehrplan erschaffen worden ist.

Ein weiteres Problem besteht darin, dass die Lehrmittel, die dauernd wechseln, den Lehrplan weitgehend ersetzen. Das heisst, wenn man das obligatorische Lehrmittel benützt, erfüllt man wohl den Lehrplan!?

Wie schon gesagt, ist der heutige Lehrplan voll beladen mit Lerninhalten. Aber leider hat sich die Schulzeit der Kinder dem Lehrplan vom kleinen Heft bis zum Ordner nicht angepasst. Die Kinder haben immer noch etwa gleich viel Schule wie früher, was an sich auch gut ist. Doch damit fehlt nun die Zeit, sich genügend in die riesige Menge Lerninhalte zu vertiefen und diese zu üben.

Einigen Schülern muss man einen Lerninhalt einmal erklären, dann „sitzt" er. Die meisten Kinder brauchen aber einfach x Wiederholungen, bis etwas „drin" ist. So entstehen vor allem bei den letzteren Wissenslücken (durch zu wenig Übungszeit), die dann von Therapeuten geschlossen werden sollen. Von diesen ist die Schule von heute breit bespickt und es werden immer mehr.

Kommt dazu, dass Kinder gewisse Therapien

(Bewegungstherapie oder üben der Feinmotorik etc.) teilweise sogar in ihrer Freizeit besuchen müssen mit teils langen Anfahrtswegen. Dies stresst oft nicht nur das Kind, da seine so wichtige Freizeit gekürzt wird, sondern auch dessen Eltern. Und gerade „schwächere" Schüler, denen nicht alles so locker von der Hand geht, bräuchten mehr Erholungszeit.

Auf den ersten Blick scheinen solche Therapien eine gute Sache zu sein, da „schwächeren" Schülern ja geholfen werden soll. Aber warum bauen wir nicht eine Schule, die mit weniger Therapeuten auskommen kann? So ist es ja auch bei Autoherstellern das Ziel, ein Auto zu fabrizieren, das möglichst wenige Reparaturen (Therapien) nötig hat. Man erhöht auch nicht einfach die Reparaturwerkstätten.

Natürlich steht ausser Frage, dass man den Kindern mit diesen Therapien helfen und das Beste für das Kind will. Lehrer und Therapeuten leisten sehr viel, vielleicht zu viel und finden selbst nicht genügend Zeit für die nötige Erholung, auch wenn an dieser Stelle doch mancher Leser denken wird: Aber Lehrer haben so viele Ferien!

Wie sollte aber eine „noch bessere" Schule aussehen? Ich habe hier weder eine Patentlösung bereit noch kenne ich den Weg dazu, diese umzusetzen, da die Schule ja nicht ein unabhängiges Objekt darstellt. So ist die Schule eng verwoben mit der Umwelt und der Wirtschaft. Dies macht die Sache so schwierig. Trotzdem möchte ich hier meine Ideen weitergeben.

Ganz wichtig ist, dass man sich erst einmal bewusst wird, was die Schule eigentlich will. Soll sie eine der Wirtschaft angepasste Ausbildungsstätte sein oder soll sie lehren, wie man das Leben meistern kann, Verantwortung trägt und glücklich wird (siehe Lebensziel).
Für mich muss die zweite Aussage im Vergleich zur ersten mindestens gleichwertig sein, wobei heute doch eher die schulische Leistung im Vordergrund steht. Wenn die kognitive Seite betont wird ohne das gleichzeitige Fördern der emotionalen Seite, gerät der Mensch aus dem Gleichgewicht. So hatte Albert Einstein ein schlechtes Gewissen, als Forscher mit Hilfe seiner wissenschaftlichen

Arbeiten die Atombombe konstruieren konnten.

Es nützt der Menschheit eben wenig, ein riesiges Wissen über die Natur und seine Gesetze anzuhäufen, wenn sie nicht fähig ist, menschlich und verantwortungsvoll damit umzugehen.

Zurück zur Schule: Hier sollte das Kind mit all seinen Fähigkeiten, Eigenarten und Mankos den Leitfaden für den Lehrplan vorgeben.

Da meine Prioritäten nun festgelegt sind, kann ich jetzt „meine" Schule etwas skizzieren.

Ein entscheidender Punkt ist die Zeit. Ein Kind sollte wieder mehr Zeit (genügend Zeit) bekommen, um einen Lerninhalt zu integrieren. Mit anderen Worten: Der Lehrplan müsste verkleinert werden (Themenkatallog). Natürlich hätte dies auch Folgen. Am Ende der Schulzeit hätte das Kind weniger Wissen angehäuft, dafür wären die eigentlichen Grundfähigkeiten vertieft worden. Dies würde die wissenschaftliche und wirtschaftliche Entwicklung möglicherweise etwas abbremsen, aber auch positive Seiten mit sich bringen. Vielleicht wären die Schulabgänger motivierter, einen weiteren Bildungsschritt zu machen.

Daneben müsste die Schule die heutigen Standardleistungsanforderungen etwas tiefer ansetzen. Die Schüler erhielten dadurch mehr „Luft zum Atmen". Man müsste die minimalen Schulanforderungen so weit hinuntersetzen, dass mehr Kinder den schulischen Normerwartungen gerecht werden können. Damit bräuchte es dann automatisch weniger Therapeuten und brächte damit als positiven Begleiteffekt sogar noch finanzielle Einsparungen mit sich.

Im Trend ist heute die Hochbegabtenförderung. Dem Kind wird damit schon früh eingeimpft, wie gut es ist, natürlich besser als die andern. Dass dies pädagogisch begründbar ist, stelle ich hiermit klar in Frage. Hochbegabte Kinder dürfen neben dem Schulstoff, den die „normalen" Kinder praktizieren, während der Schulzeit seinen Fähigkeiten angemessene Arbeiten erledigen, wobei der Spassfaktor hoch geschrieben wird.

Als erstes stellt sich die Frage, was überhaupt hochbegabt ist. Und darüber kann man geteilter Meinung sein. Ausserdem sind sol-

Tag mit Kindern zu tun und lernen, was in der Schule möglich ist und was nur „Hirngespinste" sind.

Daneben behindert die Überwachung der Lehrer und der überlastete Lehrplan das Ausprobieren von neuen Ideen und Vorstellungen. Dabei soll ein Lehrer auch Fehler machen dürfen. Wenn man etwas probiert, passieren Fehler. Aber ohne Ausprobieren gibt es keine Entwicklung.

Allgemein sollte den Lehrern wieder mehr Rechte und Freiheiten gewährt werden. Der Lehrer soll nicht nur Ausführender sein, sondern auch wieder mehr Gestalter und Planer werden.

Ich plädiere dafür, dass es besser wäre, statt „interne Lehrerüberwachung" unabhängige externe Leute (Pädagogen mit Erfahrung, wieso nicht pensionierte Lehrer?) einzusetzen, die die Lehrer im Unterricht besuchen und mit ihnen Schwierigkeiten besprechen, Hilfen anbieten und sie motivieren könnten. Dabei wäre es wichtig, dass diese „Helfer" keinerlei Informationen an Schulleiter, Schulräte oder andere Fachstellen weitergeben dürften! So könnte zwischen Lehrern und

Helfern ein positives Vertrauensverhältnis geschaffen werden, wobei der Lehrer ohne Ängste vor einer Beurteilung seine allfälligen Probleme benennen und besprechen könnte und diese nicht vor den Kontrolleuren verstecken müsste, um nicht in ein schiefes Licht zu geraten.

Ich bin mir sicher, dass dies eine sehr gute Sache wäre und dem Lehrer wie der Schule, und damit den Kindern, sehr viel bringen würde.

Für Leute, die auf Kontrollen nicht verzichten wollen, wäre es möglich, dass bei auftauchenden grossen Problemen (z.B. starke eingegangene Elternkritik) vielleicht ein dafür ausgebildeter „Schulprüfer" eingesetzt werden könnte. Allerdings glaube ich, dass diese Fälle mit dem vorgeschlagenen „Helfersystem" selten zum Tragen kommen würden.

Aber es ist ja sowieso schwierig, die Arbeit eines Lehrers zu bewerten. Als ich einmal einen Seminaristen in einem Praktikum betreuen musste, kam der Seminarleiter auf Besuch. Während der Praktikant Schule hielt, bemerkte der Seminarleiter: Mein Gott, was trägt diese Praktikantin wieder für Kleider! Es ist wohl den meisten klar, dass dies kein Beurteilungskriterium sein darf!? Aber Wie und nach was soll man einen Lehrer beurteilen? So bewerten einige Eltern einen Lehrer als gut und andere als schlecht. Dies hängt oft von den Prioritäten des Betrachters ab (soll zum Beispiel die Leistung oder das Menschliche in der Schule im Mittelpunkt stehen?)

Heute haben Lehrer ein enormes Pensum zu erfüllen. Deshalb sollte es die Aufgabe eines Schulleiters (Schulführung) sein, nebst aller Koordinationen und sonstigen Arbeiten im Schulbetrieb, die Lehrer etwas zu entlasten. Leider besteht dabei aber auch eine gewisse Gefahr, dass ein Schulleiter die Lehrer noch zusätzlich belastet durch zu viele eigene (natürlich positiv gemeinte) Ideen die dann von den Lehrern umgesetzt werden müssen.

Hier noch etwas zum Lernen. Lehrmittel (vor allem Mathematiklehrmittel) sind heute oft so aufgebaut, dass auf jeder Seite wenige Aufgaben derselben Art zu lösen sind. Die Aufgaben sollen nicht langweilig und so ein Thema von möglichst vielen Seiten und Positionen beleuchtet werden. Das führt aber wiederum dazu, dass „schwächere" Kinder bei dieser Vielseitigkeit überfordert werden und dabei auch der Lehrer, da er ja nicht jedem gleichzeitig beistehen kann, wenn Probleme auftauchen.

Neuste (eigentlich altbekannte) wissenschaftliche Studien zeigen auf, dass es sehr wichtig ist, längere Zeit und mit vielen Wiederholungen den Stoff zu bearbeiten. Mir kommt dabei meine Rechenmappe aus meiner ersten Klasse in den Sinn, wo man immer viele gleiche Rechnungen lösen musste und dann weiter das nächste Blättchen aus der Mappe ziehen durfte. Natürlich ist so etwas heute verpönt. Aber wenn man nun wiedererkennt, dass die Menge der Wiederholungen ein wichtiger Faktor beim Lernen darstellt, waren diese Mappen gar nicht so falsch. Und ich selber hatte den Plausch daran.

Wie ich im Kapitel Erfahrungen und Erlebnisse schon ausgeführt habe, graben wiederholte Erlebnisse eine breite „Strasse" ins Gehirn. Ob diese nun von guten oder schlechten Erfahrungen geprägt worden sind, spielt dabei keine Rolle. So entstehen durch Wiederholung und Üben solche breiten und tiefen

Lernspuren (z.B.1x1, Reihen, addieren etc.). Eigentlich sollte dies ja klar sein, wenn man unsere Erfahrungen im Alltagsleben anschaut.

So lernt man nur Auto fahren, indem man viele Stunden durch die Strassen kreuzt. Nur mit Wissen allein kommt man nicht viel weiter, auch wenn dieses natürlich am Anfang eine Vorbedingung ist. Häufiges Fahren führt nach einigen Jahren so weit, dass man eine bekannte Strecke fast blind und automatisch fährt, da die im Hirn eingeprägte „Fahrstrasse" sehr tief geworden ist.

Das Gleiche erleben wir im Sport. Ein Tennisspieler übt beim Training auch nicht auf möglichst viele Arten einen bestimmten Schlag, sondern er versucht mit hunderten von gleichen Schlägen sich diese in Fleisch und Blut übergehen zu lassen. Ähnliches macht auch ein Fussballspieler. Nur durch viele Wiederholungen kommt es zur nötigen Automatisierung. Natürlich kommt diese nachher im Turnier in der Vielfalt zur Anwendung.

Ein besonders eindrucksvolles Beispiel dazu ist das Jonglieren von drei Bällen. Vor etwa zwei Wochen kam ich auf die Idee, jonglieren zu lernen, da ich überzeugt bin, dass solche Dinge beim älter werden für das Gehirn sehr wichtig sind. Damit müssen die Gehirnzellen in Trab gehalten werden. Und es ist ja wohl allen bekannt, dass alles, was man nicht braucht, mit der Zeit verkümmert. Vergleichbar mit Jonglieren ist das Balancieren z.B. mit einem Brett auf einer liegenden Röhre. Diese Übung, die ich im Kraftraum gerne mache, tut mir ebenfalls sehr gut.

Kommen wir aber zurück zum Jonglieren. Zuerst suchte ich mir in YouTube eine Anleitung dazu. Dies war der Anfang. Aber mit dem Wissen allein, wie das Jonglieren funktioniert, kann man nie jonglieren. So begann ich wie beschrieben mit einem Ball zu üben. Nach einiger Zeit, als dies in meinem Hirn fest eingebrannt war, begann ich mit zwei Bällen zu jonglieren. Auch dies übte ich x-Mal, bis es sozusagen automatisch ging. Unterdessen bin ich bei drei Bällen angelangt. Die ersten Versuche sind bereits vielversprechend. Trotzdem braucht es noch viel Übung (mehrere Tage oder Wochen), bis ich mich als „kleiner Jongleur" präsentieren kann.

Das Gleiche manifestiert sich bei Lernprozessen auch in der Schule. Erst muss etwas begriffen sein. Danach braucht es eine solide Übungsphase (und da fehlt leider in der Schule oft die nötige Zeit). Sobald dieses Fundament, geschaffen durch Wiederholungen, genügend vorhanden und automatisiert ist, kann darauf mit neuen Themen oder Anwendungen aufgebaut werden usw.

Sogenannte Waldschulen oder Waldkindergärten, wo ein Teil der Unterrichtszeit im Wald verbracht wird, finde ich eine gute Idee. Wenn diese aber auf Kosten von noch mehr Stress in den übrigen Lektionen erkauft werden müssen, fällt die positive Beurteilung dahin.

An dieser Stelle möchte ich festhalten, dass unsere Schule im Vergleich mit anderen Ländern sicher gut dasteht und ich diese keinesfalls verteufeln möchte. Unsere Schule hat ein solides Fundament und viele positive Seiten, was aber nicht heisst, dass man nicht einiges hinterfragen darf und soll. In diesem Sinn hoffe ich, dass sich unsere Schule zum Wohle der Kinder in eine positive Richtung weiterentwickeln wird.

Klima und Umwelt

Wenn man heute unseren Wohnort, die Erde, betrachtet, fallen einem in letzter Zeit doch stattfindende Umwälzungen auf. Stürme nehmen zu, einige Gebiete, welche bis anhin durch Niederschläge gut bewässert wurden, leiden vermehrt unter Trockenheit, während andere Gebiete von Starkregen mit begleitenden Überschwemmungen und Erdrutschen betroffen sind.

Insgesamt erhöhen sich die Temperaturen und Gletscher und Pole haben rasant zu schmelzen begonnen. Natürlich suchen wir dafür Erklärungen.

Viele Wissenschaftler sehen die Ursache im Verhalten des Menschen, der zu viel CO2 und andere giftige Abfallprodukte produziert.

Ob diese Umwälzungen aber wirklich hauptsächlich durch den Menschen verursacht werden, ist wohl kaum zu beweisen. Es gab in der Erdgeschichte eine Menge solcher Veränderungen. Allerdings waren diese meist die Folgen von Vulkanausbrüchen oder von grösseren Einschlägen von Asteroiden oder andern Weltraumkörpern.

Doch selbst wenn die Ursachen grösstenteils

natürlichen Ursprungs (wie Sonnenaktivität, Polverschiebung oder Umwälzungen im Erdinnern usw.) wären, ist es doch unsere Aufgabe, den Ausstoss von Schadstoffen in Heizungen, Flugzeugen, Kreuzfahrtschiffen und Autos auf ein Minimum zu reduzieren!!! Daneben sollte mit hoher Intensität an sauberen Energieträgern und Anwendungsmöglichkeiten geforscht werden. Denn die negativen Auswirkungen von höheren Temperaturen sowie der Luftverschmutzung sind wohl unbestritten.

Auch die Ressourcen im Boden unserer Erde sollten wir mit Vernunft verwenden. Unser Planet hat, so hoffen wir doch, noch viele tausend Jahre vor sich. Und auch unsere Nachkommen sollen noch genügend „Material" zum Leben haben.

Wir müssen auch achtgeben, dass unser Planet nicht zu einer Schutthalde verkommt. Gerade die Weltmeere sind ja teilweise heute schon in einem besorgniserregenden Zustand. Ebenso wichtig sind natürlich auch der Schutz und die Pflege der Pflanzen- und Tierwelt.

Bescheidenheit lernen

Wir Menschen fühlen uns als hochentwickelte Lebewesen, die weit über den Höhlenbewohnern von damals stehen. Doch ist der Mensch als Individuum wirklich viel weitergekommen in seiner Entwicklung? Um dies herauszufinden, möchte ich ein fiktives Ereignis zu Hilfe nehmen.

Stellen wir uns einmal vor, dass ein riesiger Komet unsere Erde träfe. Dabei würden nur etwa 500 oder 1000 Menschen überleben. Die Zerstörungen wären enorm. Bücher, Computer und Maschinen wären sozusagen alle verbrannt oder sonst zerstört. Vielleicht wäre ein Computer noch funktionstüchtig. Aber woher nun den Strom nehmen?

Wo stände nun ein Überlebender? Er müsste als erstes auf Nahrungssuche gehen. Aus seinem Wissen aus der „heilen Welt" hätte er wenigstens noch das mehr oder weniger grosse Wissen, was essbar und was giftig ist.

Als zweites müsste er eine Behausung finden. Da aber alles zerstört ist, müsste er wohl zuerst einen Unterschlupf suchen und später versuchen eine einfache Hütte zu bauen, wobei er nun ja weder Sägen noch anderes Baugerät besässe. Daneben würde es ja auch Winter und es brauchte Feuer, um sich zu wärmen oder um Nahrungsmittel zu kochen. Wir haben in der Schule noch gelernt, wie man ohne Feuerzeug ein Feuer entfachen könnte oder wie es die Urmenschen gemacht haben. Ich bin mir aber sicher, dass die meisten Menschen bei so einem Versuch schlicht überfordert wären.

Im vergangenen Leben hatten die Überlebenden alles, was sie brauchten, zur Verfügung. Sie wussten den Kochherd zu benutzen, konnten im Computer alles nachsehen, konnten ein Auto steuern und vieles mehr.

Nun würde das Problem auftauchen, dass der Mensch meist nur die Anwendungen seiner Wohlstandsgeräte kannte.

Wie ich schon am Anfang des Buches erwähnt habe, kann ein einzelner Mensch sich im Laufe seines Lebens nur einen winzigen Teil des riesigen Wissens der heutigen Zeit zu eigen machen und anwenden. Alles andere kann er in Büchern oder im Internet nachschlagen oder in einer Schule sich aneignen. Aber kaum einer hat selbst ein Auto, einen Fernseher, ein Kraftwerk, einen Computer usw. selbst zusammengebaut, geschweige denn die Einzelteile und deren Materialien selbst hergestellt.

So bliebe diesen Menschen wohl nichts anderes übrig, als beinahe bei null zu beginnen.

Dabei könnten wir auch feststellen, dass nun ein ehemaliger Bankmanager nicht mehr besser dastehen würde als ein überlebender Landstreicher – oder hätte der Landstreicher vielleicht sogar die besseren Überlebenschancen?

Hier stände nun ein Mensch wieder da wie er eigentlich von Grund auf geschaffen wurde ohne erworbene oder geschenkte Zusatzpakete. Hier sieht man einmal mehr, dass Beruf, Besitz oder Ansehen kaum eine wirklich grosse Bedeutung haben. Sie sind im Gegensatz zu inneren Werten des Menschen völlig von der momentanen Umwelt abhängig und damit sehr vergänglich.

Noch schlimmer würde es wohl für die neu geborenen Kinder. Die hätten wohl kaum eine Chance, alles Wissen, das ein Überlebender noch aus der „heilen Welt" mitbrachte, zu lernen, da es ja noch keine Schulen gäbe und auch keine Bücher. Es bliebe vorerst die Mund zu Mund Information. So würden sich die Nachkommen wohl vorerst noch tiefer in Richtung „Urmenschen" weiterentwickeln. Erst nach und nach könnte wieder ein Fortschritt erreicht werden.

 Das Wichtigste, was man seinen Kindern nach so einem Ereignis weitergeben müsste, wäre die Sprache und die Schrift. Dazu möglichst viel noch vorhandenes Wissen aufschreiben. Mit der Einführung der Schrift und dem Buchdruck hat wohl die industrielle Revolution begonnen.

 In unserer Zivilisation ist nicht jeder einzelne Mensch hoch entwickelt, sondern es ist das Wissen, das immer weitergegeben wurde (durch Bücher, Schulen oder Internet) und danach laufend weiterentwickelt wird (darauf aufgebaut). Erst durch das Zusammenspiel von Wissen und Fähigkeiten aller Menschen einer Gesellschaft entstand der etwas falsche Glaube, dass wir so viel weiter sind als unsere lieben Urbewohner.

 Würde man Kinder auf einer einsamen Insel aussetzen, könnte man die gleiche Entwicklung wie beim Kometeneinschlag erleben.

 In Sachen Moral scheinen wir auch nicht gerade riesige Sprünge gemacht zu haben seit der Urzeit. Es sind noch keine 100 Jahre her, seit Tausende von Juden von angesehenen Bürgern umgebracht wurden. Auch die vielen Bankenskandale lassen unsere moralische Entwicklung eher in einem tristen Bild erscheinen.

Du kannst jetzt selbst entscheiden, ob wir Menschen wirklich viel weiter sind als die Urbewohner dieser Erde.

Schlusswort

Du hast nun mein kleines Buch gelesen. Ich gehe davon aus, dass du dabei (teilweise sicher unbewusst) laufend meine Aussagen zu einem Thema mit deinen eigenen Vorstellungen und Ansichten dazu verglichen hast.

Eigentlich hast du beim Lesen „in Gedanken" selbst dein eigenes Buch geschrieben mit deinen Anschauungen, einfach ohne ein schriftliches Festhalten. Anders ausgedrückt, du hast die Sicht von deiner „Plattform" aus hinzugefügt beziehungsweise meine Ansichten durch deine ersetzt. Vielleicht gibt es aber auch einen „Punkt", wo du eine Idee von mir neu in deine „Plattform" integrieren konntest.

Wenn du in den meisten oder wenigstens in vielen Punkten gleiche Ansichten wie ich vertreten hast, stehst du auf einer ähnlichen „Plattform" wie ich. Wenn nicht, ist dies auch gut so!

Allerdings könnte es auch sein, dass du im Verlauf deines Lebens die „Plattform" wechseln wirst und das Gesagte plötzlich nicht mehr alles „Spinnerei" für dich ist. Dies ist mir selbst schon so ergangen. Ich erhielt in jungen Jahren ein Buch, konnte mich aber nicht dafür erwärmen und sah keinen Sinn dahinter. Einige Jahre später (andere „Plattform") geriet dieses Buch wieder in meine Hände. Und welch Überraschung: Plötzlich packte mich sein Inhalt und konnte mir viel weitergeben.

So kann ein siebenjähriges Kind mit einem Astronomiebuch mit vielen Formeln auch noch nichts anfangen, möglicherweise später auf einer andern „Plattform" zum Beispiel als Astronom aber durchaus.

Ich hoffe nun, dass auch die Kritiker meines Buches sich doch wenigstens über das „Prinzip der Plattformen" etwas Gedanken machen und sich fragen, ob wohl nicht doch etwas „dahinterstecken" könnte. Das Prinzip ist einfach und es ist für das Zusammenleben sehr hilfreich, indem man damit sich selbst und seine Mitmenschen besser verstehen und akzeptieren wird. Ich habe hierbei nichts Neues erfunden, sondern nur versucht, Altes in ein neues Kleid zu hüllen und es bewusster werden zu lassen.

Dieses Buch wurde nicht korrigiert in Bezug auf Rechtschreibfehler. So wirst du als Leser wohl einige „Böcke" darin entdeckt haben. Aber wie ich ja einmal erwähnt habe, kann man mit „schlechten Fähigkeiten" durchaus das Selbstvertrauen von anderen Menschen erhöhen, und da ein Lehrer dies geschrieben hat, wohl umso mehr.

In diesem Sinn hoffe ich, dir als Leser eine kleine Freude gemacht zu haben 😉.